パースペクティヴズ6

後藤新平の発想力

〔補訂版〕

渡辺利夫・奥田進一 編著

成文堂

補訂版　はしがき

　初版を世に問うたのは東日本大震災の年であり，あれから3年余りの歳月が流れた。後藤新平がかつて学長を務めた拓殖大学の学生達が，自ら企画して自ら執筆した本書は各方面からの好評を博し，お蔭様でここに版を重ねることになった。この間の社会の変化はめまぐるしく，たとえば本書「電話料金」の項目で紹介した「携帯電話」はすでに主流ではなく「スマートホン」の全盛時代となり，人々の連絡手段は電話による「通話」からSNSによる「通信」へと大きく変化した。また，新聞各紙の媒体も「紙」から「デジタル版」へと移行し，テレビ放送も「アナログ式」から「地上デジタル」へと完全移行した。また，エネルギー政策についても大きな転換期を迎え，そのことは資源の乏しいわが国と東アジア諸国との外交関係にも大きく影響し，とくに中国や韓国とは緊張状態にすらなっている。そこで本書が主軸とした後藤新平の現代に残る業績にも変化が生じているのではないかという疑問が生じ，後藤新平の再評価もかねて総点検を行った。しかし，その考えと作業は杞憂に終わった。確かに社会インフラのうち，情報通信等のソフト面におけるこの3年間の変化はあまりにも大きかったが，後藤新平の業績のほとんどはハード面に集中しておりそれらは厳然として微塵も揺らぐことなくしかと存在している。100年以上も先を見据えた，国家盤石の礎を作り上げたのは後藤新平この人をおいて他にいない。しかし，後藤新平の業績についてはまだまだ知られていないことの方が多く，その人物については知らない人の方が多いのではないだろうか。

　他方で，この3年の間に，編者や執筆者の一部は台湾に足繁く通う機会を得た。多くの出会いを得た中で，本書を出版したからこそ気が付かされることも多かった。台湾のある大学教授は，本書を手に取るや否や「後藤新平といえば「生物学の法則」です。いまの台湾があるのは，彼のおかげです」と

述べられた。また，台湾行政院のある官僚も，本書をめくりながら「後藤新平の薫陶を受けた台湾人はたくさんいて，彼らはその後の台湾社会発展の原動力となったのですよ。後藤新平は最期に「人を残して死ぬものは上だ」といったそうですが本当にその通りです」と諭すように感想を漏らされた。多くの台湾の人々の心の中で，いまなお後藤新平が息づき影響を与えていることを感じた瞬間であった。台湾においてこれほどまでに後藤新平が広く知られて評価されている状況と比べると，わが国におけるそれはあまりにも粗末である。

　初版から3年余りを経て，いまここであらためて後藤新平を再評価し，いまの社会においてもなおも手本となるその人物像と偉大な業績をさらに世間に広めて社会を啓蒙することこそが，彼が学長を務めた大学に奉職し，在学しあるいは卒業した者の責務であろう。これが今回本書の版を重ねることの目的にほかならない。補訂版の出版にあたっては，成文堂の飯村晃弘氏にとくにお世話になった。ここに心から御礼を申し上げる次第である。

　2015年1月吉日

執筆者を代表して

渡　辺　利　夫
奥　田　進　一

目　次

はしがき……………………………………………………………………… i
後藤新平の生涯……………………………………………………………… 1

各種法政策・制度

1. 海水浴………………………………………………………………… 6
2. 樟脳…………………………………………………………………… 8
3. 法整備支援プロジェクト………………………………………… 10
4. 国勢調査…………………………………………………………… 12
5. 烏龍茶……………………………………………………………… 14
6. 都市計画法………………………………………………………… 16
7. 都民の日…………………………………………………………… 18
8. 迷走する日露関係(1)～対ヨッフェ交渉………………………… 20
9. 迷走する日露関係(2)～北方領土問題…………………………… 22
10. 普通選挙法………………………………………………………… 24

鉄道・鉄道関連組織

11. 台湾新幹線………………………………………………………… 28
12. 阿里山森林鉄道…………………………………………………… 30
13. ヤマト・ホテル…………………………………………………… 32
14. JR グループ ……………………………………………………… 34
15. 鉄道弘済会………………………………………………………… 36
16. JR 肥薩線「いさぶろう・しんぺい号」……………………… 38

17. 平瀬トンネル……………………………………………………………40
18. 新幹線……………………………………………………………………42
19. 東京都地下高速鉄道・東京都電車……………………………………44

メディア・通信

20. 郵便諸制度（速達，内容証明，赤い郵便ポスト）………………48
21. かんぽ生命保険…………………………………………………………50
22. 電話料金（従量制課金，パケット）…………………………………52
23. NTT ………………………………………………………………………54
24. 水力発電…………………………………………………………………56
25. 電力会社…………………………………………………………………58
26. NHK ………………………………………………………………………60
27. 読売新聞の再建…………………………………………………………62

組織・建造物

28. 伝染病研究所……………………………………………………………66
29. 警察学校…………………………………………………………………68
30. 日比谷公会堂・市政会館………………………………………………70
31. ボーイスカウト…………………………………………………………72
32. エクステンションセンター……………………………………………74
33. 学校法人拓殖大学………………………………………………………76
34. 国際大学…………………………………………………………………78
35. 日独協会…………………………………………………………………80

震災復興

36. 築地市場 …………………………………………………… 84
37. 東京の幹線道路 ……………………………………………… 86
38. 復興九橋梁のデザイン ……………………………………… 88
39. 隅田公園・錦糸公園・浜町公園 …………………………… 90
40. 山下公園 ……………………………………………………… 92

自治三訣 ………………………………………………………………… 95
参考文献 ………………………………………………………………… 99
編著者紹介 …………………………………………………………… 102

後藤新平の生涯

　後藤新平は日本の近現代史が生んだ希有の大いなる人物である。行政官僚としても政治家としても，藩閥や政党に頼ることなく，すっくとして一人立ち，この人のためなら力を惜しまず尽くそうと周辺に集う人々に思わせ，またその決然たる主張にこの政治家になら仕事を任せても心配はなかろう，国民にそう思わせる能力と権威を後藤は漂わせていた。

　後藤の年譜をみると，一人の人間が一生涯を通じてどうしてこれだけ多くのことをなしうるものかと思わされる。仕事の分野は呆れるほどの多岐に及んでいる。主だった仕事をあげるだけでも，台湾総督府民生長官，初代満鉄総裁，第二次ならびに第三次桂太郎内閣の逓信大臣，鉄道院総裁，寺内正毅内閣の内務大臣，外務大臣，第二次山本権兵衛内閣の内務大臣，帝都復興院総裁，政界引退後は東京放送局（NHK）初代総裁，日本連合少年団（ボーイスカウト）総裁とつづいた。

　後藤が台湾総督府民政局長（後に民生長官）として赴任したのが1898（明治31）年３月，拓殖大学の淵源・台湾協会学校が開設されたのが1900（明治33）年９月である。台湾協会学校が開始された頃，後藤は台湾総督府民生長官として辣腕を振るっていたのである。

　後藤が台湾に別れを告げたのが1906（明治39）年10月である。激務の疲れを癒す時間をほとんど与えられずに，同年11月には満鉄総裁に就任した。満鉄経営はもとより大陸経営をめぐって諸官庁，軍部との調整にエネルギーを注ぎ，翌1907（明治40）年５月７日に満鉄総裁として初めて大連に上陸するというあわただしさであった。満鉄総裁はわずか２年に満たない短期間の就任であったが，大連や長春の都市開発などを中心に満州経営の基礎を固め，後藤が自ら抜擢，育成した中村是公に総裁を託して，1908（明治41）年６月に東京に帰着した。同時に同年７月に組閣された第二次桂内閣の逓信大臣と

して入閣，鉄道院総裁をも兼ねることになった。

つづく第三次桂内閣，さらに1916（大正5）年10月に成立した寺内正毅内閣でも同地位を保ち，同時に外務大臣をも兼務した。しかし，寺内内閣は1918（大正7）年9月に総辞職したため，ここで後藤も大臣職を辞任せざるをえなかった。辞任後のしばらくは，後藤にとっては偶然のように訪れた公職のいわば「空白期」であった。このゆとりの時期に後藤が東洋協会会長を引き受け，拓殖大学の第三代の学長に就任したのである。その後の後藤の人生を追ってみても，後藤が公職を離れることはほとんどなかった。後藤の学長就任は拓殖大学にとってはまことに幸運なことであったといわねばならない。後藤の学長就任は1919（大正8）年2月のことであった。ちなみに後藤は1929（昭和4）年4月に没するまで拓殖大学の学長を務めた。かような次第であるので，後藤は学長に就任したからといって，学長の仕事に専念できたわけではない。しかし，後藤のような名望なる偉才を学長として戴いたことは，拓殖大学の学生や教職員にとっていかにも名誉で晴れがましいことであったと想像される。

拓殖大学学長に就任したものの，後藤への世の声望はなお高く，時代と社会は後藤を拓殖大学学長のみにとどまらせておいてはくれなかった。はやくも学長就任の翌1920（大正9）年12月には東京市長に，そして1923（大正12）年9月1日正午直前に発生した関東大震災が東京を壊滅させ，新たに組閣された山本権兵衛内閣の内務大臣となり，帝都復興のための復興院を創設，自ら総裁となって陣頭指揮を執ったのである。

後藤は学長としての執務に当たる時間は少なかったとはいえ，多忙の中にありながらも，本学の学生のことがつねに胸中にあって，その後藤の思いが学生にも伝わっていたのではないかと思われる。拓殖大学卒業の宮原民平は次のように後藤のことを回想している。

> 伯は学生に対しては慈愛に満ちた態度を以て接せられ，随分厄介な申出をも聴かれ，得意の諧謔を弄しつつ学生を相手に議論などもせられた。随って

学生も学長先生として慈父に対するやうな心安さを感じてゐた。伯は政躬多忙なるにも係らず，学生の催す弁論部の地方講演等にまで出席して講演せられたことも度々であつた。長途の汽車旅行は，若い者でも閉口するのに，伯の旺盛なる元気は実に人をして感嘆せしめたものであつた。

　後藤と拓殖大学学生との深い縁を伝えるエピソードとしてさらに紹介しておきたいことがある。後藤は，革命後のロシアとの関係修復に熱意をもち，日露協会会頭を勤め，また日露協会学校（後にハルビン学院として知られる）の創設にもかかわった。後藤はこのハルビン学院の第3回目の卒業式に参列するために1925（大正14）年3月にハルビンに向かったのだが，この20日ばかりの旅程の間に満鉄路線各地で働く拓殖大学卒業生の約150人と面会した。満鉄沿線各地とは，釜山，京城，平壌，ハルビン，長春，奉天，撫順，按山，大連などである。この出会いを通じて学友同士もまた異国で絆を強めていったらしい。

　さらに，もう一つ，時代は十数年さかのぼるが，次のようなエピソードも紹介せねばなるまい。1912（明治45）年7月，桂太郎が日本の満州経営についての理解をロシアから得るために，後藤と若槻礼次郎を伴ってシベリア鉄道に乗ってロシアに向かったことがあった。しかし，桂と後藤，若槻がサンクト・ペテルブルクに到着するや，迎えに出た駐露大使より明治天皇のご病気が重篤である旨を知らされ，踵（きびす）を返して同じくシベリア鉄道で帰国の途に着くというできごとがあった。この往復の旅程でも，後藤は学友と頻繁に接触していた。当時，長春から本学に寄せられた一人の学友の便りには次のような下りがある。

　　（桂学長閣下は）"皆は元気で働て居るか，何分斯う云ふ場合で緩（ゆっ）くり皆に談（はなし）も出来ないが，皆に宜敷言つて呉れ。こゝに何人居るか，九人，皆元気で働て居るかどうか，学校の名誉を落さぬ様精出してやつて貰度い，皆に伝へて呉れ"と仰せられ，後藤男爵を顧み"これはうちの者で戦争に出て勲章を

貰つて居る，今こゝで働ている"など、紹介せられ，後藤男爵よりは"マー精出してお遣りなさいと"の御挨拶に預り，当地同窓は一同例乍ら校長閣下の御温情を感佩致居り候。超へて八月七日御帰路の送迎に際しても再び両総代（代表二人の学友）車中に引見せられたるが，"急で帰ることになつて……"と暫時伏目の御顔容なりしも又両氏を列車の貴紳に紹介せられたる等，実に閣下が鞅掌多端の間も尚ほ学校並に出身者の前途を思はるゝの深大なるを拝察するに足るべくと存候。

　このような桂太郎と，後藤新平と卒業生との邂逅もまた，「海外雄飛」を標榜する拓殖大学のありようを象徴する出来事であったように思われ，後藤の拓殖大学を向わせるべき方向と理想はこの時点においてすでに確立していたのではないか。このような学生との対話を重視した後藤新平の実像に対して，いままた拓殖大学の学生がそれに迫り触れようとしたことは高く評価されなければならない。本書を通じて，後藤新平がわれわれの知的財産となった瞬間を是非とも感じ取って頂きたい。

（渡辺利夫）

各種法政策・制度

海水浴

　現在レジャー施設として親しまれている海水浴場はもともと「治療の場」として考えられてきた。したがって，江戸時代には漁民が漁のために海へ入ることはあっても，海中で泳いで遊ぶという習慣はなかった。後拾遺和歌集には，播磨の明石に「潮湯浴み」のために行啓した中宮の供奉をしていた中納言資綱の和歌が収められているが，当時から病気治療のために海水に浴することがあったと思われる。

　日本で海水浴が確立されたのは，1877年以降のことである。後藤新平が愛知県病院に勤務していたときに，海水浴場で水質検査を行った後に海水の正しい用法についての文書を書き上げて県に提出したところ，これが内務省衛生局の雑誌に掲載された。そこで，知人の勧めもあって，後藤は1882年に公衆衛生の面から海水浴の誤った利用をしないようにドイツの書籍を翻訳し，日本最初の海水浴啓蒙書として『海水浴法概説』を1886年に出版した。海水浴の効用を医者の立場から書きあげ，海水浴の普及に一役かっている。そして，後藤は実際に海水浴場へ行き現地調査を行っており，現在の愛知県常滑市にある大野海水浴場もそのひとつである。大野海水浴場は江戸時代に，様々な病気を治す潮湯治の場として賑わい，人々が海水に身を浸したり，浜で身を横たえたりするなどしていたという。この本をきっかけに加温海水浴場なども整えられ，周辺には旅館も建設された。さらに，1912年の愛知電気鉄道（現在の名鉄常滑線）の開通によって名古屋方面からの交通の便がよくなり，海水浴客はさらに増加したという。

　この本では，海水に含まれる様々なミネラルを詳細に調査しており，次のような事項を指摘している。夏季の海水の温度は22度以上28度以下が望ましい。海水浴を行うことによって新陳代謝を高め，食欲を増加させ体力の増強につながる。長病後の筋力低下や食欲不振にも効果があり，産後の貧血症状

や弱った身体にも効果がある。海水浴場に気軽に足を運べる治療の場とするためには清潔な環境を保たなければならない。海水には塩分が含まれていることで殺菌効果があることも証明されている。無限大に広がる景色にも治療効果があるのではないだろうか。

　海の自然環境を活用しながら，薬に頼らず治療が出来るようにといった目的で民間向けに発行された本ではあったが，現在ではタラソテラピー（海洋療法），アルゴセラピー（海藻療法），ファンゴセラピー（海泥療法），サーラセラピー（塩療法）など多くの治療が生まれ，海浜に行かなくても気軽にリラクゼーションを受けられるようになっている。またリハビリなどにもこれらが使われており，幅広い分野に応用されている。

（吉田裕香）

樟脳

「ニオわず長持ち，タンスにゴン」といえばあまりにも有名な防虫剤であるが，樟脳とはその前身にあたるものでクスノキからとれる成分である。かつては万年筆の筒部分などに使われていたセルロイドの可塑剤として大量に使用されていたが，1920年代に入るとセルロイドにかわるプラスチックが開発されてその需要はなくなった。また，樟脳はオランダ語で"Kamfer"，英語で"camphre"と表現され，強心剤としても使用されていたことから「駄目になりかけた物事を蘇生させるのに効果のある措置」を比喩して，いまでも社会の再生や回復の措置を「カンフル剤」と呼び習わしている。

台湾では1700年頃から樟脳を製造していた。1863年に樟脳，硝石，硫黄の専売法を施行したが，1868年に英国領事の抗議によってすぐさま廃止され，外国人も自由に樟脳をとって搬出する権利を得た。これが樟脳売買の商権が外国に独占される端緒である。1887年にも2度目の専売法の施行を試み，樟脳製造が盛んになったが，英国商人の厳重な抗議により1890年に廃止に追い込まれたという歴史があった。

樟脳は元来防虫剤としての需要はなかったが，セルロイドの発明によりその原料としての需要が爆発的に増加した。しかも，外国商権に独占されていたためその価格は香港相場に左右されていた。樟脳の生産は世界的にも台湾と日本以外には殆どなく，したがって自然的独占に帰したのである。後藤は樟脳市場が投機化して必然的に価格の安定を失うことを予見し，台湾統治には樟脳の専売化は絶対条件としていた。

世界に植民地統治の成功例として注目を集めた台湾は，後藤新平の一世一代の事業であった。1898年3月に陸軍中将の児玉源太郎によって後藤は台湾総督府民生局長に任命され，すぐに台湾南投県の集集に「樟脳専売局集集出張所」を設けた。そして，同年6月には台湾樟脳の官業化を布告，翌年6月

に台湾樟脳局を設けて専売制度を敷いた。後藤は台湾の2度の樟脳の専売化失敗から、専売制度が成功するか否かは販売方法によって決まると考えたのである。そこで数量や価格は台湾総督府が定め、東洋および欧米各地に需要相当数量の分配を義務化するなど販売方法を工夫することで投機化を防いだ。

　樟脳専売制度を台湾だけに施行した結果、樟脳価格の高騰が内地製脳業に大きく影響し、市場競争をするようになり台湾専売樟脳の大量在庫が発生した。そのため1903年6月に内地台湾共通の専売法を施行することとなった。後藤が莫大な専売益金を台湾住民から搾取したと批判する者もいるが、実情は台湾における樟脳の専売化の専売益金は8年間で約1,300万円に達し、そのすべてが台湾事業公債の償還にあてられて台湾開発の財源となったのである。同時に、従来外国人に握られていた商権を完全に回復し、世界の樟脳の需要調整に成功したのである。その後の日本全体の新しい統制経済は、後藤の樟脳専売の経験によるものであることは否めない。

（村尾幸太）

法整備支援プロジェクト

　日本の政府開発援助（ODA）のひとつに，「法整備支援プロジェクト」というのがある。法整備支援とは，開発途上国や社会主義経済体制から市場経済体制へ移行しようとする国において，公正な市場経済，法の支配，人権，民主主義を実現するための法整備への努力に協力する取組を指す。主な活動としては，法令の起草や司法制度の整備への協力，法制・判例情報の整備やアクセス改善などの法的インフラ整備への協力，法曹人材育成への協力がある。その支援実施主体としては国際協力機構（JICA）が主であるが，日本弁護士連合会や法務省法務総合研究所国際協力部が実施する場合もある。また，法整備支援の前提となる調査を実施すべく，文部科学省科学研究費補助金等を利用した研究者による共同研究なども盛んに行われている。日本の法整備支援は1994年のベトナムを皮切りに，カンボジア，ラオス，インドネシア，モンゴル，ネパール，カザフスタン，ウズベキスタン等に及んでいる。この法整備支援プロジェクトにおいて最も肝心なことは，現地の法慣習や法意識を丹念に探るために，時間をかけてじっくりとフィールドワークを実施することである。そのため，ときには長期にわたって専門家を現地に派遣することも必要とされ，物的にも人的にも，また時間的にも膨大なエネルギーが必要とされる。

　このような法整備支援プロジェクトの根底にあるのは，後藤新平が主導した台湾旧慣調査および旧満州慣行調査であるといわれる。後藤が1898年に民政長官として台湾に赴任した時，台湾統治はゲリラの度重なる抵抗にあうだけでなく，現地住民からの反発も相当根強いものがあった。そのため大量の軍隊を投入してなんとか反発を抑制していた。その最大の理由は，総督府の事務官の多くが内地から赴任してきた法科出身者であることだった。後藤は，彼らが内地の法律をそのままの形で台湾でも施行していたことにあると

見抜いて，彼らの多くを内地に帰還させるとともに，彼らの策定した法律のほとんどを廃止してしまった。後藤の方針はその政治信念ともいうべき「生物学の法則」にあった。

> 内地の法律で台湾を縛り付けるのはダメだ。言葉も違えば風俗習慣も違う。内地の法律を一足飛びに台湾に持ってくるなどとんでもない。現地に昔からある慣習を尊重して，それを少しずつ変えて行くのだ。

　1900年に臨時台湾旧慣調査会を発足させ，京都帝国大学の新進気鋭の民法学者であった岡松参太郎を呼び寄せてそのリーダーに据えた。岡松率いる旧慣調査会は，清国時代の行政実態や土地取引，相続関係，先住民の生活実態等を徹底的に調べ，最終的に調査が終了する1922年までに『台湾私法』，『清国行政法』，『台湾番族調査報告書』等の膨大な報告書を作成し，これを基に多くの法律が起草されたのである。のちに後藤が満鉄総裁に就任すると，岡松も京都帝大在職のまま同社理事に任ぜられ，ここでも旧満州慣行調査を成し遂げ，満鉄調査部の基礎を築くのである。

　法律は社会があってはじめて生成されるものであり，法律が社会を生成するものではない。明治以降，わが国の近代化は欧米に追い付け追い越せでやってきたが，ことに法律整備に関しては社会の実情を軽視してきたきらいがある。そのため，近代化＝欧米化という図式ができあがってしまったが，欧米とは異なる論理やシステムで存在しているそれぞれの国や地域の実情をよく調べ，それぞれに相応しい近代化を考えなければ社会の幸福は実現できない。後藤の「生物学の法則」は，現在の法整備支援プロジェクトに着実に受け継がれたといっても過言ではないだろう。

（奥田進一）

国勢調査

　5年に一度行われている国勢調査は，日本に居住する男女の数，年齢，国籍，どのような仕事をしているのか，家族構成などを調査票に記入し，調査員がそれを一軒一軒回収し，調べるものである。国勢調査は，「大規模調査」と「簡易調査」が交互に行われ，あいだの年に「簡易調査」が行われ，調査結果を報告している。多くの人は，調査書を提出しなければ罰則があるから仕方なく質問に答えているが，なぜ面倒な作業を行わなければならないのかをご存じだろうか。国勢調査をもとに作成された報告書は研究機関でも多く利用されており，交通渋滞や通勤通学ラッシュの緩和などの身近な場所でも応用されているのである。他にも防災対策や福祉対策，公共事業にも利用されるなど国民生活の改善を図る貴重な資料となっている。

　国勢調査は，1895年にスイスのベルンで行われた万国統計協会での「1900年ヲ以テ文明各国協同シテ世紀詮察斯ヲ施行セントノ決議」に基づき，わが国でも5年後の1900年から5年に一度行うことが決まった。しかし，政府に何の動きも見られないとして衛生局長であった後藤新平が，1897年に「統計局設置建議書」を政府に提出したのである。後藤はドイツ留学時代から，統計学が国民の生活改善に重要である事に関心を持っていた。身分登録にすぎない戸籍法からでは情報は読み取れないことを主張し，調査機関として統計局を設置するように求めたのである。しかし，日露戦争の勃発もあって第1回の国勢調査は無期延期とされたが，台湾では1903年から国勢調査事業の準備に取りかかり，1905年に「台湾臨時戸口調査（国勢調査）」が行われている。台湾はかつて「化外の地」といわれ，清国政府もあまり重要視してこなかったため，その地方ごとにそれぞれの慣習や制度が根付いていた。しかし，これらの慣習を強制的に変えようとすると常に反感を買い，いつまでたっても統一することが出来なかった。台湾総督府民政局長であった後藤新平は「旧

慣調査」を行い，文化や制度，慣習などを調査している。それらを数値化し，より確実なものとするための統計事業として国勢調査を行ったのである。

　台湾の国勢調査では22の質問が用意され，その内容は，氏名，性別，言語，職業，年齢，読み書きの程度，出生地，纏足者，アヘン吸引の有無など広範囲に及んだ。一般的な質問から医療・衛生に関わる質問もしており，さまざまな研究に応用できるようにしている。医療・衛生にまつわる質問事項として，慣習となっていたアヘンの吸引状況を問うているのは，アヘン専売制（1898年）をより確実なものとし，その対策をたてるためであった。何としてでもアヘン吸引者をなくしたいと考えていた台湾総督府の様子がうかがえる。しかし，先住民は対象から除かれていた。それは総督府が先住民から反発を受けていた証拠であり，大まかな事柄については把握できても完全な報告書は望めなかったであろう。

　日本で行ったこともなく日本語も通じない国での膨大な調査に当初は不安の声がやむことはなかったが，1907年には報告書を完成させている。これらは，台湾の経済発展や教育面の基礎となった。台湾で行われた調査方法は，1920年の日本における第1回国勢調査の基礎となったことはいうまでもない。また，後藤が衛生局長時代に建議した国勢調査を取りまとめる場としての統計局の設置は，その在任中には叶わなかったものの，1898年に内閣統計局が設置され，現在は総務省統計局として存在している。　　　　（吉田裕香）

烏龍茶

　烏龍茶−この飲み物を知らない日本人はいないであろう。日本で最もポピュラーな飲み物のひとつである。口当たりが良く，脂肪の吸収を抑制させるポリフェノールが含まれており近年注目を集めている。中国茶＝烏龍茶と思われがちであるが，実際は中国の一般家庭では緑茶の割合が高い。また，冷たい烏龍茶は日本独自の文化で，中国では専ら暖かい飲み物である。お茶の歴史は16世紀末から17世紀初頭にかけて，英国の上流階級が茶を嗜む習慣が急速に広がり，ティータイムの習慣が行われるようになり需要が増加した。ところが，当時茶の生産を行っていた国は清国だけであった。

　1900年頃の台湾の特産品は烏龍茶であった。後藤新平が台湾民政長官に赴任した当時，茶の商権は福建省厦門にある外国銀行に独占され，台湾の茶業者や茶園労働者までもが外国銀行に支配されていた。したがって，後藤の茶業の改革は資本関係から着手された。そして，主としてその任に当たったのは台湾銀行である。台湾銀行は1899年の開業当初から，茶資金の融通について絶えず総督府と連絡し，その目標を厦門中心の取引関係を台北中心に移すことであった。

　しかし，長年の因習の解消は容易なものではなく，目標が達成されたのは1904年7月の幣制の改革以後であった。資本および金融関係の変化は内地にも影響を及ぼし，烏龍茶に着手するものも多くなったのである。後藤が台湾を去る頃にはほとんど外国の独占を打破して，「台湾のための烏龍茶」の理想を実現できたのである。さらに，後藤は台湾の烏龍茶を世界の市場に売り出したいと考えていた。そこで，東京の貿易商人である野沢源次郎に話を持ちかけた。新しい市場の開拓を図り豪州に売り出そうとしたのである。そこで郵船の支店長をしていた林民雄に仲介してもらい，ダルデッティ商会の協力で売り出したところ，相当の売上をあげた。

後藤は台湾を去った後，1910年に日英博覧会がロンドンで行われることに目をつけ，植民地経営の誇示と英国との通商活性化を狙うひとつとして台湾総督府から補助金3万円を引き出し，烏龍茶の喫茶店を設けることにした。この喫茶店が英国人にとても好評だったため，その後に英国での烏龍茶の需要が年々高まっていったのである。これが今日世界各国に烏龍茶が行き渡った端緒である。このように後藤は自身が台湾にいない時も，烏龍茶による台湾経済の振興を常に考えていたのである。

　さて，日本の烏龍茶は1972年の日中国交正常化の後，中国との貿易が拡大するにつれて次第に輸入が始まった。日本で烏龍茶が知れ渡ったのは，1975年に開催された大阪万博で烏龍茶の試飲会がきっかけだと言われている。また，一般的に飲まれるようになったのは，1979年に人気歌手ピンク・レディーの「美容のために烏龍茶を飲んでいる」という発言によって爆発的なブームを巻き起こしたためである。1981年には伊藤園から日本初の缶入り烏龍茶が発売され，サントリーは焼酎を烏龍茶で割るという斬新なアイデアを推し進め，今でも烏龍茶割りは居酒屋での定番になっている。　　　（村尾幸太）

都市計画法

　都市計画法の発端は，1918年に市街地が拡大する大阪市に対して，東京に適用していた1888年に制定された市区改正条例を準用しようとしたことによる。当時内務大臣であった後藤新平は，市区改正条例の準用ではなく，日本の都市計画を新たに樹立せねばならないと言ったとされている。それは，市区改正条例が都市部のインフラ整備のみを対象としていたため，農村部から都市部への急激な人口流入に伴い，膨張する都市に対応しきれなくなっていたからである。さらに，都市と郊外との境目が明確に定まらなかったために行政上の対応に問題が生じ，住宅や工場が乱立した結果，騒音や悪臭，煤煙被害といった健康問題が生じたからである。

　後藤は，実際に起こっている問題の深刻さを目の当たりにして，このままではさらに大きな社会問題になりかねない事を見抜いていたのだろう。そこで，後藤は都市整備のためには調査機関が必要であるとして，追加予算案を国会に提出し，勅令第154号により都市計画調査会官制が公布・施行されることになったのである。

　内務大臣の監督下におかれて発足した調査会であったが，直後に内務大臣官房の都市計画課に所管が移され，初代課長として内務官僚であった池田宏が任命された。池田はイギリス，ドイツ，アメリカでの欧米出張の経験をもとに法案を起草し，都市計画の概念の制度化に尽力した。この後も池田は，後藤の東京市長時代に同市助役として東京市政要綱立案を，後藤内相下では計画局長として帝都復興計画への取組みに尽力し，右腕として手腕を振るったのである。都市計画法自体は後藤の在任中には実現しなかったが，後藤が端を発することにより，池田の活躍もあって外相時代の1919年に欧米の都市計画を参考にした都市計画法を公布することになった。また，都市計画と同時に建築に関する法規も必要であるという声が調査会の会合の中で上がり，

同日に市街地建築物法が姉妹法として成立したのである。こうして市区改正条例を経て，都市計画法と市街地建築物法という2つの法律により都市整備が進められていくことになったのである。

1919年都市計画法によれば，「本法ニ於テ都市計画ト称スルハ交通，衛生，保安，経済等ニ関シ永久ニ公共ノ安寧ヲ維持シ，又ハ福利ヲ増進スル為ノ重要施設ノ計画ニシテ，市ノ区域内ニ於テ，又ハ区域外ニ亙リ施行スベキモノヲ謂ウ」とある。かつての市区改正条例がインフラ整備のみを対象としていたことと比べると，衛生や保安，経済面が加わったことによって，より充実した内容となっているのではないだろうか。

市街地建築物法は1950年に建築基準法へと改正され，都市計画法は1968年にその当時の都市問題を背景に抜本的に改正された。その後も都市計画法は地方公共団体やNPOが活動できるように2度大きく改正され，建築基準法もたびたび改正されている。

（鈴木丈晃）

都民の日

　東京都は，10月1日を「都民の日」としており，都内の公立学校および一部の国立私立の学校は休校となる。さらに，都内各地で記念行事や各種イベントが催され，都が運営する施設等の一部が無料開放される。このように都道府県民の日を制定することは，必ずしも当然のことではない。2010年度末現在で，東京都を含めて20都府県しかなく，このうち当該日を休日としているのはさらにわずかでしかない。われわれの多くは，休みを得ることは歓迎するが，なぜ休みなのかについて思いを馳せることはどうもおざなりになりがちである。

　東京都の歴史は非常に古く，江戸幕府が崩壊した直後の1868年には，ほぼ現在の23区と多摩地域を包摂する形で東京府が誕生している。その後，1889年に公布施行された「市制中東京市京都市大阪市ニ特例ヲ設クルノ件（以下，市制特例とする）」という法令によって，東京府のうち現在の23区にほぼ該当する区域が「東京市」になった。この市制特例によって，東京市，京都市，大阪市の3市は一般市とは区別された。3市も一般市も，現在の市議会に相当する「市会」が市を代表していたが，一般市の市長が市会によって推薦されるのに対して，3市では内務大臣が任命する府知事がその職務を執り行い，府知事が任命した書記官が助役の職務を行い，府庁の官吏が収入役・書記等の職務を行った。このため，一般市では市会と市長とが共同歩調をとることが多かったが，3市は完全に府庁に直轄されたうえに，市会の多数派意見が反映されることなく対立することが多かった。

　市制特例が設けられた背景には，3市の居住者の多くは富裕層であり，当時の選挙制度における有権者であったことによる。彼らの声が選挙において強く反映されることを政府が危惧した結果として講じられた，いわば市民自治の制限措置だったのである。

こうした自治の制限に対しては反対の声が高まり，1898年10月1日に市制特例は廃止され，東京でも市会によって選ばれた市長を頂く新しい東京市が誕生したのである。しかし，東京市では市会が選任した市長や市幹部による汚職事件が相次ぎ，とうとう市長不在という事態を招き，市会は議論紛糾して騒然とした雰囲気になっていた。このような状況において，寺内内閣の総辞職によって下野していた後藤新平に白羽の矢が立ったのである。後藤は当時，欧米歴訪から帰国して大調査機関設置のために奔走しており，市長就任に容易くは応じなかった。最終的には，当時の総理大臣である原敬の説得に応じて，いくつかの条件付きで東京市長就任を承諾する。

　後藤は，腐敗した市会と市役所の人事刷新を行い官僚臭の一掃に力を注いだ。そして，市民自治の実現には職員の自治が必要であるとして，自ら職員の教育を行い，学識経験者を嘱託として任命して市政を外部から監視するシステムも構築した。さらに，東京市民の自治意識高揚のために記念日を定めて諸行事を実施することを提案し，市制特例が廃止された10月1日を以て「自治記念日」に定めたのである。これが1952年に，自治の大切さを自覚しようという願いをこめて「都民の日」となって今日に至っている。

（奥田進一）

迷走する日露関係(1) 〜対ヨッフェ交渉

　後藤新平は1923年に日ソ国交回復に努めている。1918年のシベリア出兵後の日本とソヴィエト連邦の関係は悪化し，1920年に黒竜江（アムール川）河口の尼港（ニコラエフスク・ナ・アムーレ）で日本人が大量虐殺されたとしてソ連に対する感情は極度に悪化していた。

　この時日本は，ソ連と行った「大連会議」と「長春会議」の交渉をいづれも決裂させており，後藤新平はこのままでは石油などの資源を持っていない日本は世界から孤立してしまうと考え，加藤友三郎首相の了解を得て，個別交渉を行うことを決定した。後藤はこの交渉を行うにあたり，東京市長と，日露協会の会頭を辞任しており，個人でアドリフ・ヨッフェを日本に招待している。ヨッフェはソ連の政治家・外交官として国際社会において幅広い交渉を行っており，後藤が日ソ関係回復を企図していた時期に中国を訪れていた。尼港事件によって日本国民がソ連に対して敵対心をいだいていたことは十分承知していたが，ソ連と中国が手を結ぶと，日本の将来はさらに危なくなると懸念されていた。さらに，日ソ問題の解決は，経済通商の進展だけではなく，対中政策にも繋がると考えられていた。実際に後藤が交渉に当たる直前にソ連は「孫文・ヨッフェ共同宣言」を出しており，ソ連と中国は連帯を確かめ合っていた。東京市長を辞任してまで交渉に当たろうとしたのだから，当時の後藤にはソ連との関係について相当の危機感があったのであろう。

　中国との交渉にあたっていたヨッフェの風邪が長引き療養中であったが，上海経由で日本に呼び，交渉を始めた。ヨッフェが通達してきた日ソ交渉への3条件が，日ソ両国の権利，法律上ソヴィエト連邦の承認，北樺太撤兵時期の明示と通告であった。ソ連と日本がお互いに最大の問題だと考えていたのは，北樺太からの撤兵時期を明確に定めることであった。日露戦争後の

1905年に締結されたポーツマス条約では北緯50度以南の南樺太が日本の領土となっていたが，1920年に起こった尼港事件が原因で，シベリアにいた日本軍を撤退させ，その代わりに北樺太に日本軍を駐在させたのである。たまたま交渉していた時期が両国が北洋漁業を拡大させていた時期であり，ソ連と日本の二国間は国交断絶状態にあったため，漁業関係をめぐる紛争も頻発していた。さらに，共産化を恐れていた国民や議員の完全なる信頼を得る事が出来なかったこともあり，上手く交渉は進まなかった。

　日ソ予備交渉基礎案を作成した後に，外務省とヨッフェの公式予備交渉まで持ち込み，政府間交渉に引き継がれた。しかし，両国の意見不一致という形で交渉は不成立となり，ヨッフェも帰国することとなった。後藤は無駄な行動をしていたかのようにも見えるが，1925年に日ソ基本条約が結ばれ，日本軍の北樺太撤退時期などが定められている。しかし，ある意味でソ連との関係と交渉の不成功は，後藤の抱いた危機感を体現するものとなり，その後の日本とソ連（ロシア）との関係にしこりを残す結果となったことは否めないのである。

〔吉田裕香〕

迷走する日露関係(2) 〜北方領土問題

　後藤新平の最後の海外訪問となったのが，1927年に田中義一首相から依頼されてソ連を訪問したことである。ソ連訪問前に2度の脳出血を引き起こしており，健康な状態ではなかったから相当の覚悟であったに違いない。後藤は，「新経済政策の結果を見に行く」としてソ連に向かったが，真の目的は中国問題を解決することにあった。当時，中国では国民党と共産党の対立があった。中国内で内乱が起これば，最大の被害者は日ソ両国となり，さらには世界全体に影響を及ぼすのだから，何としてでも三国が理解そして協力し，また他国からの理解を得たうえで共存共栄を図っていくことを実現させたかったのである。伊藤博文や桂太郎が成し遂げることのできなかったことを，自分が実現しなければならないという責任感を抱えての交渉であった。他にも，漁業問題や沿海州拓殖問題の解決にも取り組んでいる。たとえば，漁業区を明確に定め，互いの経済的利益を保護しようとしたことなどがある。また，日本国内の人口増加と失業問題に悩まされていた後藤は，ソ連の極東地域に日ソ共同の開墾耕作事業を起こし，そこで日本人や朝鮮半島の人を移住させて農業経営を行わせることを計画していたのである。そのための了解をソ連からもらい，互いに利益を上げることができる環境を作ろうと考えたのである。後藤は，日本は資源のない国であることを理解し，すべては将来の国益を考えての行動だった。

　1928年，後藤はスターリンやその他の重要な地位にある人物と会談を行った。スターリンとは，中国情勢に対して日ソが互いに手を組み，中国を手助けする必要があることを共に確認して理解を深めていた。その過程において，中国を搾取の対象とするのではなく，独立に協力すべきだとスターリンは指摘している。

　しかし，1923年のヨッフェとの交渉に引き続き，スターリンとの交渉も決

裂に終わった。ここでも，日本政府との意見が一致しなかったことや，日ソ漁業条約の成立に時間を割いたことが原因となった。後藤は，1918年のシベリア出兵を推進した一人である。ソ連からは反感を買い，尼港事件が起こって事態の収拾がよりいっそう困難になってしまった。

　現在でも尾を引いている北方領土問題は，この交渉が決裂して信頼関係を築けなかったことに由来する。日本は歯舞・色丹・国後・択捉島は自国のものだと主張している。1951年に締結したサンフランシスコ講和条約では，千島列島を放棄したのは事実であるが，ソ連に譲渡するとは条文には書いておらず，ポーツマス条約締結時に得撫島・択捉島の間で引いた国境線が有効になるとしている。しかし，ソ連側からすれば，ヤルタ会談，ポツダム宣言などの文書から領有権があることを証明できるとして，互いの意見は一致していない。現在，北方領土にはロシア人が住んでおり，ロシアの行政機関が機能している。そして日本人が入るにはビザの取得が必要となる。漁業利権や石油資源問題が関わっているため，一筋縄では解決できないことは十分理解できるが，このまま対立関係を続けていくことは日露両国にとって決してよいことではない。

（吉田裕香）

普通選挙法

　普通選挙法とは，1925年に加藤高明内閣で成立した法律である。普通選挙法によって保障された参政権は，多くの国民にとって数少ない「国の政治」に参加できる方法であった。しかしながら，戦前は「満25歳以上の全ての成年男子のみ」という男女差別があった。女性が参政権を得たのは，戦後GHQによる民主化で1945年12月の改正衆議院議員選挙法の公布からであった。なお，1946年の日本国憲法の公布以降改正はされていない。

　山本権兵衛内閣時に内務大臣と復興院総裁を務めていた後藤新平は，1923年の関東大震災から1カ月ほど経った頃に，山本内閣の政治的意義を説明する場において興味深いことを話している。はじめに，「国家は一人の国家にあらず，政府は一人の政府にあらず」という観念から，自助自立の思想を充実させることにより，自治の心を養い育てることを説いた。これは後藤の信念である自治の精神からくるものであろう。さらに，政党を無用視しないが，政党が未熟ゆえに発達しないため，自身の良心および理性による無党派的な道しかないという政党観を述べている。単に数の勢いに乗じて政権を握るのは不自然なる多数であると説いて，当時の政党を批判した。さらに普通選挙についても言及しており，普通選挙は山本内閣においての政綱のひとつとして考えていたようである。

　後藤が端を発したことにより，山本内閣は普通選挙法案を制定することになった。そこには，被選挙権制限の撤廃（神職や僧侶，小学校教員には制限が設けられていた）や納税・世帯制限の撤廃などがあった。残念ながら法案提出前に虎の門事件で内閣が総辞職をしたため，法案は流れてしまったのだが，のちに成立する普通選挙法案が後藤の案とほとんど変わらないことを考えると，感心せざるを得ない。ただし，後藤が普通選挙を打ち出したのは，納税額によって差異があってはならないという発想によることを注意しておきた

い。

　下野してから後藤は政治の倫理化運動に身を置くことになる。1926年4月1日の東京朝日新聞で自身の活動を発表した。「現今の政治のありさまを見ていたら実際行動に進まねばならなくなった，油かすを川にまいて魚を集めるような政党はもう過ぎた」といったセンセーショナルな内容に政界は大激震したのである。後藤は同月20日に，青山会館で4000人にも上る聴衆の前での大演説を行った。聖徳太子，ウィルソンやT・ルーズベルトといった元大統領なども引き合いに出し中庸の道を説いた。政党の倫理化こそが自治的自覚を促すというのが後藤の考えであった。この青山会館での3時間にも及ぶ演説は『政治の倫理化』という小冊子になり，全国遊説に出た際に人気を博した。公演は1年間で183回行い，講演時間は254時間にも及んだ。

　当時後藤は69歳という老齢であり，下野後に2度も脳溢血を経験していたのである。病み上がりにもかかわらず，日本の政治のために尽力する後藤の演説は聴衆の胸に深く刻まれたことだろう。また，演説と同時に普選準備会を組織した。会は1928年の普通選挙法による第一次総選挙により，同会は解散することとなったが，後藤の普通選挙への貢献は大きいものである。後藤が目指した政治の倫理化は現代における政治倫理審査会に通ずるものがあるのではないだろうか。このような委員会がなくとも，すべての議員には政治倫理を確立してほしいものである。

（鈴木丈晃）

鉄道・鉄道関連組織

台湾新幹線

　2007年1月5日に開業した台湾新幹線は，台北〜左営（高雄）間345kmを最速96分で結ぶ。この高速鉄道はフランス，ドイツ，日本の合作ながら，事実上は日本の新幹線の海外輸出デビュー作となった。車両は東海道・山陽新幹線で活躍する700系「のぞみ号」をもとにした700T型12両編成で，安全確保の中核となる自動列車制御装置（ATC）も日本製である。台湾新幹線も，わが国と同様に専用線（標準軌：軌間1435mm）を新たに敷設したうえで開業したのだが，その大前提である在来線（狭軌：軌間1067mm）の敷設には後藤新平の叡智と努力が深くかかわっていたのである。

　後藤が1898年に台湾総督府民政長官として台湾に赴任した時，台湾の鉄道は輸送手段というにははるかに程遠いものであった。台湾の鉄道は清朝支配下の1887年に着工し，1893年に基隆〜台北〜新竹間約100kmが開業していた。しかし，勾配が急な崖地をうねうねと走り，機関車の馬力もすこぶる弱く，貨客満載の折などは乗客が降りて後押しをするばかりか，台風などで軌道がぬかるみ脱線事故なども頻発していた。日清戦争に勝利して台湾の領有権を得たわが国は，製糖業をはじめとする産業振興を台湾に期待していたが，そのためには海上輸送の基地である基隆港の整備とともに，物資を南部まで運搬する鉄道の整備が肝要であった。当時のわが国では，鉄道敷設は資金を有する民間企業が政府より敷設権を得て敷設することが一般的であり，台湾に関しても1896年に資本金1,500万円（現在の約6,000億円）を予定して台湾鉄道会社が設立され，後藤の岳父である安場保和が社長に就任した。しかし，日清戦争に勝利したものの期待とは裏腹に深刻な経済不況が到来し，台湾鉄道会社も思うように資本金が集まらないままに1899年に解散している。

　後藤はかかる台湾鉄道の状況を十分に認識し，台湾の経済振興の鍵は台湾を縦貫する鉄道敷設にあることを主張し，民営ではなく官設による敷設計画

を進めていた。後藤は，民政長官と同時に鉄道部長を兼務し，日本鉄道会社を退職していた長谷川謹介を技師長に迎えて，約3,000万円の予算による既成区間の改良を含めた台湾縦貫鉄道の敷設事業に着手した。しかし，問題は敷設費用の捻出であった。敷設費用は台湾事業公債によって賄われることになっていたが，1904年に日露戦争がはじまり多額の軍費が要されるなどして事業は難航を極めた。ところが，後藤はむしろ日露開戦による軍事費の増加を逆手に取り，寺内正毅陸軍大臣にバルチック艦隊の台湾海峡通過に備えて鉄道の軍事利用を持ちかけ，軍事費の一部を鉄道敷設費用に流用し，建設事業促進と経費調達を一挙両得した。この結果，台湾縦貫鉄道は1908年に2年の工期短縮を得て全通したのである。

　いま台湾ではローカル線がひそかなブームとなっている。単線区間をのんびりと走るディーゼル車に乗って田園風景を楽しむ旅愁に浸るだけの余裕が持てるのも，新幹線が開通したからこその贅沢に他ならない。その大前提として台湾縦貫鉄道の早期完成とそれによる台湾経済の発展があったことを意識しておきたい。

（奥田進一）

阿里山森林鉄道

　台湾南部の嘉義駅からかわいらしいトロッコのような列車が運行されている。阿里山森林鉄道（中国語表記：阿里山森林鐵路）と称するこの鉄道は，軌間762mmで，海抜30mの嘉義駅から2216mの沼平駅（旧阿里山駅）まで全長71.34kmを結んでいる，世界でも屈指の高峰を走る山岳列車のひとつである。他に複数の支線も敷設されて今日に至っている。約4時間に及ぶ阿里山本線の道程は，15の駅，49のトンネル，72の橋をスパイラル線やスイッチバックを繰り返しながら進み，3つの気候帯（熱帯0～800m，亜熱帯800～1800m，温帯1800m以上）を経験でき，野趣あふれる観光列車として世界各地から多くの鉄道ファンが押し寄せている。

　阿里山は標高2663mで，台湾最高峰の玉山（新高山：標高3952m）の一部でヒノキの原生林に覆われている。明治期以降，わが国は急速に進む近代化の過程で，建築用材のほかに，電柱，鉄道の枕木，貨物の梱包，造船材料，桟橋等の各種装置・施設，パルプの原料等，様々な分野で木材が大量に使われた。その結果，1897年に森林法が制定されて保安林制度が発足した際には，国土面積の約1割にも及ぶ林野が過伐採によって荒廃し，土砂災害なども頻発していた。また，1906年から推進された神社合祀政策によって，全国各地の神社の統合整理が行われると，新たな社殿建立のためにヒノキ用材が必要となった。このような状況を受けて，台湾総督府では総貯木量50万㎥ともいわれた阿里山のヒノキ資源に着目した。後藤新平は，1903年に小笠原富二郎技師の提言を受け入れ，阿里山のヒノキを森林鉄道によって搬出する方法による阿里山の森林開発に着手した。翌年には，後藤自らが鉄道技師の長谷川謹介らを伴って阿里山踏査に乗り出し，針葉樹約7万6千本，広葉樹約37万5千本，毎年相当量の伐採をしても約80年は需要を充たし，約5億円の価値があると見積もられた。後藤は，阿里山の開発には山岳鉄道を敷設して大量

輸送が必要であると考えた。こうして1906年に阿里山森林鉄道は着工し，1914年に現在の阿里山本線全線が開通したのである。台湾縦貫鉄道の嘉義駅に接続して，北は基隆港へ，南は高雄港へと搬出したため嘉義は林業の一大集散地となり，大量のヒノキが日本に向けて輸出され，日本の多くの神社の社殿が阿里山産出のヒノキで建立されて今日に至っている。ところで，1907年に小笠原技師は阿里山山中調査において樹齢3,000年近くを経ているひときわ大きいヒノキを発見した。この巨木に霊威を感じた日本人は，周囲に柵を設けて注連縄を張り，ながく阿里山神木として崇敬したという。台湾植民地統治が終わった後も，この巨木はいまなお神木として敬意が払われている。

　阿里山森林鉄道では，蒸気機関車，ディーゼル機関車，ディーゼルカー，客車，貨車が使用されてきた。このうち，1910年から1917年にかけてアメリカのライマ機関車製造社から輸入したシェイ式機関車は，直立したシリンダーと傘歯車（ベベルギヤー）を使用し，ボギー台車を持った山岳用の独特の駆動方式で，2シリンダーの18tクラスが8両，3シリンダーの28tクラスが12両，計20両が輸入され，現在16両が静態または動態保存されている。また，現在の主力は日本車輌製のディーゼル機関車で，冷房などの電源に使用する発電機を備えた大型の機関車が力強く4～5両の客車をけん引している。なお，阿里山鉄道は，1986年にわが国唯一のアプト式鉄道を擁する大井川鐵道と姉妹化締結をし，いまも民間レベルでの国際親善に一役買っていることを付言しておきたい。
　　　　　　　　　　　　　　　　　　　　　　　　　　　　（奥田進一）

ヤマト・ホテル

　中国の東北各地にはかつて「ヤマト・ホテル」と称された高級ホテルが点在している。その中でも，最も古く有名なホテルが大連賓館（旧大連ヤマト・ホテル）である。ルネサンス様式の西洋建築で，100年以上経つ現在も営業を続ける三ツ星ホテルであり，2001年に中華人民共和国国家重要文物に指定された。その施設は大連一の格式を誇るだけではなく，ヤマト・ホテルの旗艦店としての役割を担っていた。それは，大連の地が欧亜連絡鉄道と上海航路との接続点であり，日本から中国大陸への玄関口でもあり，満鉄本社が置かれていた最重要拠点であったからである。

　後藤新平は，1906年に南満州鉄道株式会社総裁に就任するが，就任するや直ちに満鉄沿線の主要各駅前のホテル建設に着手した。それは欧米人が満洲に来訪することを見越してのことで，後藤の国際感覚を示すものであった。後藤の満鉄経営の根本精神は，満洲の開発が日本のみの利益ということに止まらず，世界全般の福祉増進の助力に資するということであった。後藤の描いた満鉄像は，満洲に居住する人々や諸外国との共生をベースに，かつての東インド会社のイメージをとどめつつ，さらには日・満・欧・米を連結する世界規模の鉄道の一部として，世界経済の要に位置する機関であった。同時にそれは，混乱する中国の秩序化と活性化も促す世界政策のひとつであった。

　この事業に対しては，後藤の道楽と笑う者や贅沢と非難する者が多く存在し，他方で世界の公道として外国人の宿泊施設を造らなければならないと弁護する者もいた。しかし，いずれにせよ後藤の真意を諒解するものは少なかった。また，後藤が「ヤマト・ホテル」と命名したのは，欧米人の来泊を願い，その外国人客に日本の固有名である「ヤマト」を印象付けようとする考えがあったからである。

しかし，このような巨大な建築物がたちまちできるわけもなく，ロシア時代のダルニー・ホテルの跡に，軍政時代に民政署のあった煉瓦造り二階建ての一棟を修理して13の客室を造り，これに付属建築を新築修繕して急遽設備を整え，1907年にようやく営業を開始したのが大連ヤマト・ホテルの起源である。1908年に東清鉄道との接続を見越して大連〜長春間の急行列車の運転が始まると，宿泊客を収容しきれなくなったため東清鉄道大連事務所を改装して別館とし客室を合計47室とした。しかし，これだけでは客室不足の根本的な解決にはならず，1909年から大連大広場に面する土地に新たな大連ヤマト・ホテルの建設を始めた。続いて旅順，長春，星ヶ浦，奉天の順に開業された。なかでも大連ヤマト・ホテルは満鉄の社史で「優に欧米一流ホテルに匹敵し」として内外にその威容を誇った。大連ヤマト・ホテルには，夏目漱石，清朝最後の皇帝である愛新覚羅溥儀，男装の麗人として有名な川島芳子，李香蘭などが宿泊・来館したことが記録されており，近年では中曽根康弘，竹下登，村山富市などの日本の総理大臣経験者も利用し，いまでもその洒脱な雰囲気と重厚な構えに多くの貴顕が魅了されているようである。

（村尾幸太）

JR グループ

　一般的に呼ばれる JR とは,「Japan Railways」の略称である。本来は,東日本旅客鉄道,東海旅客鉄道,西日本旅客鉄道,北海道旅客鉄道,四国旅客鉄道,九州旅客鉄道の6つの旅客事業会社と日本貨物鉄道,鉄道総合技術研究所,鉄道情報システムの法人の総体を表す。しかしながら,それぞれの管轄は必ずしも便宜的に地方地域で区分したわけではない。JR グループができたのは1987年のことであり,それ以前は鉄道管理局という日本国有鉄道法で日本国有鉄道の付属事務所と定められた地方機関であった。現在の各旅客・貨物鉄道の支社および支店に相当する。1949年日本国有鉄道は全国の路線を27の管理局に分割,管理運営を行った。その後,1957年には6社に再編成されたが,当初の目的と違い組織が肥大化していることを国会から批判され,また,通信インフラ整備のために本社組織再編成に合わせて1970年に支社制度が廃止され,元々の27の管理局に戻ったのである。そして,前述の通り1987年の JR 化によって,その管理局は JR グループの各社に受け継がれていったのである。

　後藤新平の世界戦略のひとつに,世界運輸動脈の一環として,海運とともに日本に国有鉄道を組み入れる構想があった。この国有鉄道の整理改革という構想は,後藤が第2次桂内閣に入閣した理由のひとつであった。ところが,17の民間鉄道会社を買収統合した国有鉄道の現状は惨たるものであった。民間時代からの職員は非常に官僚化傾向であり,不統一な資材,ずさんな物資の購入法,過剰な人員,そして政友会などの政党によって地方の地盤作りに利用されていた。そのため,後藤は国鉄自体の立て直しと構想の実現という両面作戦をとらなければならなかった。そして,後藤はこの問題に対して課長中心主義,現業主義,人物主義,上下関係を密接にすることで解決しようとした。1908年12月,後藤は鉄道院官制を公布,鉄道院を創設し5つ

の地方管理局（中部，東部，神戸，九州，北海道）を置いて各々に優秀な局長とその他人材を登用，権限を与えることによって可能になり，鉄道会計の独立化に成功した。後藤が地方分権を行ったことで，それまで腐敗していた国有鉄道の一般鉄道従業員に「自己の努力の成果が直接鉄道事業に関係する」という自覚を促し，鉄道会計の改革に成功したのである。

　後藤によって全国に独立した鉄道が実現したが，その国有鉄道はJRグループとして今もなお日本の運搬事業を支え続けている。現在の日本の住人は会社に通勤する際，意図せず後藤の仕事の末端に触れているのかもしれない。また，現在のJRグループは鉄道事業をはじめに，出版業，金融業，通信業，サービス業，加工・販売業，施設の経営等多岐にわたって事業を展開し我々の生活と密接に関係している。　　　　　　　　　　　　　（村尾幸太）

鉄道弘済会

　インターネットで路線検索が出来るようになった現在でも，鉄道ファンにはかかせない『時刻表』を出版している弘済出版社（現在は合併し，交通新聞社となった）は，後藤新平が制度化した逓信共済組合が前身となっている。弘済出版社は鉄道弘済会が株式会社として設立したもので，1987年5月から『JR時刻表』を編集しており，地方版も多く制作している。

　逓信大臣であった後藤は，1909年に逓信共済組合を作っている。後藤は，逓信省やその関係者，たとえば郵便集配人や電話交換手，道路・鉄道・電話・水道・ガスなどの工事を行う労働者の業務は，国民の生活に深くかかわっており，かつ切迫した重要な仕事であるのに，待遇は決して良くないと判断して，従業員への給与を増額した。これは，国家財政難を理由に計画倒れとなっていた共済組合計画を復活させたものである。大蔵省との交渉の際に，日露戦争後の財政難により組合設立費用をめぐって折衝が難航したが，説得を繰り返して当時の金額で20万円余りの予算を獲得している。救済する項目は，療養，死亡，勤続，脱退，病気，けが，火災の7つとした。その後，組合員数は年々増加し，1932年には積立金が4799万3000円余りとなり，共済組合事業は一定の成功を収めたといってよいであろう。その後の昭和大恐慌に際しても，逓信省従業員においてストライキなどの混乱が発生しなかったのは，時代の先を行く共済組合という社会福祉政策があったからにほかならない。

　1949年に逓信省が廃止され，その共済組合事業は郵政省と電気通信省へと移行した。それと同時に逓信共済組合は廃止され，その業務は郵政省共済組合および電気通信省共済組合に継承された。現在は，郵政省共済組合は日本郵政共済組合，電気通信省共済組合はNTT健康保険組合となっている。

　また，第一次山本権兵衛内閣発足時に鉄道院総裁を務めた床次竹二郎は，

1932年に財団法人「鉄道弘済会」を設立し，鉄道職員の生活を向上させ，また鉄道利用者への便益向上が企図された。もともとは，鉄道事故により身体に障害を負った鉄道職員への福祉の必要性から始められたものである。駅構内に設置されているKioskの営業も鉄道弘済会が行っており，小腹のすいた学生や，新聞や雑誌を買うサラリーマンにとって必要不可欠な存在となっている。Kioskは，鉄道弘済会が上野駅と東京駅の構内に「鉄道弘済会売店」を置いたことに始まる。また，万が一鉄道職員が鉄道作業中に殉職し，一家の働き手を失ってしまった遺族，特に妻に働く場所を提供し，生活を救済する目的があった。

　1987年の国有鉄道の民営化と同時に鉄道弘済会の営業部門は，鉄道弘済会とJRグループが出資する株式会社へと移行し，鉄道弘済会は現在はKioskへの雑誌，新聞などの取次事業を行っている。他にも，社会に必要とされている福祉事業も行っており，老人ホーム，保育園，知的障害を持つ児童のための学校の設立，学生寮の運営や奨学金貸付も行っている。さらに多くの事業にも取り組んでおり，その内容は多岐に及んでいる。医療・福祉・衛生の面から政治を行った後藤の意思を，鉄道弘済会はしっかりと受け継いだのである。

（吉田裕香）

JR肥薩線「いさぶろう・しんぺい号」

　JR肥薩線の人吉駅（熊本県）～吉松駅（鹿児島県）の35kmの区間を，一風変わった普通列車が走っている。そもそも両駅間の普通列車は1日に5往復しかなく，このうちの2往復が「いさぶろう・しんぺい号」という名の観光列車として運行されている。人吉駅～吉松駅間は1909年に開業し，当初は鹿児島本線の一部として供用されていた。この当時の逓信大臣が山縣伊三郎で，鉄道院総裁が後藤新平であった。列車名にはこの2人の名前が記念して用いられており，吉松駅方面に向かう下り列車は「いさぶろう号」，人吉駅方面に向かう上り列車は「しんぺい号」とその名称を変える。

　同区間は国内でも有数の山岳路線である。人吉を出発して次の停車駅は，標高294.1mに所在する大畑（おこば）駅で，ここにはスイッチバック線とループ線が併存している。これはわが国で唯一である。列車は大畑で進行方向を2度変えた後に，半径300mのループ線でぐるっと丘陵を駆け上り，標高536.9mに所在する矢岳駅に到着する。この間に最大30.3‰（1000m進んで30.3mのぼる）の急勾配もあり，鉄道員泣かせの難所中の難所といわれている。

　後藤新平は，第二次桂太郎内閣において逓信大臣を務め，鉄道の国有化事業に熱心に取り組んだ。そして，1908年に内閣直属の機関として鉄道院が設置されるとその初代総裁に任命された。鉄道院は国有化された主要幹線の運営に当たることを任務とし，その管轄範囲と職掌はあまりにも膨大であった。とくに，全国で9万人にも上る職員と，それを統括する組織が官僚化することを避けるべく，管理職級職員人事について適材適所を旨とする大幅な刷新と徹底した経費節減を行うとともに，能力の低い職員9千人を解雇した。他方で，職員の給与格差の是正，福利厚生の充実を図り，制服・徽章を制定して鉄道員としての団結力と精神を高揚させた。ここに「ぽっぽや」の原点が見出される。しかし，こうした大規模な組織改編には批判も強く「汽

車がゴトゴト（後藤）してシンペイ（新平）だ」と揶揄されもした。

　さて，後藤率いる鉄道院の発足により，わが国の幹線鉄道の基盤はすべて整ったかに思えるが，九州の幹線は人吉駅までで鹿児島駅までは未開通の状態であった。なお，鹿児島駅から吉松駅までは1901年に私鉄によって開通していた。そこで人吉駅〜吉松駅間の鉄道敷設が急がれたが，峻嶮な山岳地帯に阻まれ，とくに熊本県と宮崎県の境にある矢岳第一トンネル工事は難航を極めていた。後藤と山縣は，この難工事に際して惜しみなく資金を投入して着工からわずか2年で貫通に成功した。いまでも矢岳第一トンネルの入り口には，人吉側に山縣の揮毫による「天険若夷」の，吉松側に後藤の揮毫による「引重致遠」の扁額が掲げられている。ゆえに，吉松行きが「いさぶろう号」として，人吉行きが「しんぺい号」として走っているのである。

（奥田進一）

平瀬トンネル

　福島県郡山と新潟県新津を結ぶJR磐越西線の日出谷駅（新潟県）～鹿瀬駅間に引入沢山を貫いた全長2006mの「平瀬（びょうせ）トンネル」というトンネルがある。一見すると普通のトンネルだが，内部に入ると一変して辺りに霧が発生する不思議なトンネルである。出入口は狭軌（1067mm）の規格で，中央部が標準軌（1435mm）の規格となっている。そのため出入口から200～250メートル程度はトンネル断面が小さく，中央部は断面が広くなっている。その変則的なトンネルの断面の影響で，列車が進入するとトンネル内部に霧が発生しやすい。トンネル出入口には後藤新平の揮毫で，日出谷駅側に「宝蔵興焉」（宝蔵これに興る），鹿瀬側に「貨財殖焉」（貨財これに殖える）と書かれ，「宝の蔵が開かれて財貨が増える」という意味を持つ扁額が掲げられ，当時の鉄道の地位の高さがうかがえる。また，平瀬トンネルは，後藤と原敬の「改軌論争」によって残された記憶を物語る歴史的建造物でもあるだろう。

　当時，鉄道院総裁であった後藤が最も力を入れたことは，日本の鉄道の軌条幅3フィート6インチ（1067mm）を世界各国の標準軌条幅4フィート8.5インチ（1435mm）に改築する計画を立てたことである。すでに満洲鉄道において広軌改築を成功させていた後藤は，東京～下関間の幹線から他の幹線に広軌改築を及ぼす方針で，1909年に複数の専門家にその調査を命じた。予定経費4億5000万円，改築期間13年というもので，後藤にとっては世界の大動脈に通じさせる事業の一環をなすものであった。しかし，ここで改軌よりも狭軌のままで鉄道を延伸させるべしとする強い反対にあう。いわゆる大正時代の「改軌論争」であるが，主として対立していたのは後藤と原であった。後藤は「広軌にして既存路線の輸送力を増強し，また，電車の速度を向上させる。そのため，地方の新線建設は後回しにする」とする「改主建従」を主

張した。一方で，原は「広軌は遠い将来においても必要はなく，全国津々浦々に路線を張り巡らせることを優先し，後に改良に着手すべきである」という「建主改従」を主張して真っ向から対立していた。第2次桂内閣と第3次桂内閣，寺内内閣において，後藤は尽力したが，議会第一党政友会の反対で協賛を得られず，次の原内閣では広軌案が廃棄されてしまった。その体質は戦後も受け継がれ，国鉄時代も地方のローカル線が漠然と建設され続け赤字体質を深刻化させたのである。

　さて，その後の日本では「ミニ新幹線」という在来線の軌道を標準軌に改めて新幹線が直通できるようにする考えが浮上し，山形新幹線と秋田新幹線が狭軌から標準軌に改軌された。建築費用が少なく建設期間が短いのか特徴であるが，改軌してしまうと逆に狭軌への乗り入れができない問題が生じた。また，ミニ新幹線は一般には「新幹線」としているが，全国新幹線鉄道整備法の定義では「在来線」に分類される。「改軌論争」では結果的に敗北してしまったが，ここに後藤の「改主建従」の理念の正しさが証明されているのかもしれない。

（村尾幸太）

新　幹　線

　2011年3月12日に九州新幹線の博多〜新八代間が開業し，博多から鹿児島中央までが最速1時間19分で結ばれた。これで，直通運転こそないものの，本州北端の青森県から九州南端の鹿児島県までが，標準軌1435mmの新幹線により直結したのである。さて，わが国で最初に開通した新幹線は，1964年10月1日に開業した東海道新幹線の東京〜新大阪間552.6kmであり，その後1972年に山陽新幹線の新大阪〜岡山間，さらに1975年に岡山〜博多間が開業し，現在では東京から1174.9kmの道程を最速の「のぞみ」号が5時間弱で走破している。この東京から博多に至る路線にいち早く標準軌によって新幹線が敷設されたのは決して偶然ではなく，単純に主要幹線だからという理由でもない。

　第二次桂太郎内閣において初代鉄道院総裁兼通信大臣を務めた後藤新平は，1910年に東京〜下関間における軌道幅の調査を指示している。後藤は，いずれ中国において再び大戦争が勃発するであろうことを予見し，国内幹線の輸送力増強，とくに東京から下関に至る東海道本線・山陽本線の輸送力の増強を強く主張していた。さらに，東京から国内幹線で下関に至り，関釜連絡船を介して朝鮮半島を縦貫し，満鉄を経由してシベリア鉄道に連絡して欧州に至る国際連絡鉄道構想をも打ち立てていた。そのためには，国内幹線を朝鮮半島縦貫線や満鉄と同じ標準軌1435mmに改軌する必要があった。日本国内の鉄道は，1872年に開業した新橋〜横浜間以来，幹線はすべて1067mmの狭軌で敷設されており，速度や輸送能力の点において標準軌に劣後していた。後藤のかかる主張を受けて，桂内閣は1910年に広軌改築予算案を帝国議会に提出する。しかし，改軌のための財源不足や「地方振興のために改軌よりも狭軌のままの延伸」を主張する原敬の強硬な反対もあり，広軌改築案は頓挫する。その後，後藤は幾度となく執念深く広軌改築案を主張するもの

の，結局これが実現することはなく，むしろ原敬が内閣総理大臣に就任するや「鉄道敷設法」が大改正され，全国149路線，総延長1万kmにも及ぶ路線の敷設計画が実行に移されたのである。

　後藤は，国内幹線改軌の構想を抱いたまま1929年にこの世を去るが，その構想のもととなった予見は1937年の日中戦争勃発により現実のものとなり，大陸への軍事輸送が急増し，東京〜下関間に新線を建設して高速列車を走行させる「弾丸列車」構想へと発展し，鉄道技師の島安次郎を委員長とする鉄道幹線調査会が発足する。しかし，戦争の激化により構想そのものが中止となって敗戦を迎える。実はこの島安次郎こそが，後藤に広軌改築を強く勧めた張本人であった。戦後，東海道本線の輸送能力は極限に達し，ここであらためて輸送力増強のための高速列車建設計画が浮上する。1955年に第4代国鉄総裁に就任した十河信二は，島安次郎の長男である島秀雄を委員長とする東海道線増強調査会を立ち上げ，ここに「新幹線構想」が始動するのである。この十河信二もまた，後藤が総裁を務めた際に鉄道院に入り，後藤の広軌改築案の薫陶を十分に受けていた人物であった。

　こうして開業に至った新幹線であるが，その技術の根幹には何と島秀雄の次男である島隆氏が大きく関わっている。島隆氏は，初代0系新幹線の台車設計に携わり，その後に東北・上越新幹線で活躍した200系新幹線の車両設計責任者となり，退社後には台湾高速鉄路から技術顧問の委嘱を受けて，台湾新幹線の敷設に尽力したのである。後藤の広軌改築案は，こうして後藤が育てた人材とその子孫によって着実に受け継がれ，わが国が世界に誇る鉄道技術の精緻となって結実したのである。

〔奥田進一〕

東京都地下高速鉄道・東京都電車

　東京都地下高速鉄道とは通称「都営地下鉄」の正式名称であり，東京都電車とはいわゆる「都電」のことである。現在，東京都が経営，運行しているのは浅草線，三田線，新宿線，大江戸線，荒川線，日暮里・舎人ライナー，上野懸垂線（上野動物園モノレール）の7つである。中でも都電荒川線は東京都で現存する唯一の路面電車で，三ノ輪橋駅〜早稲田駅間の12.2kmを53分かけて運行している。10時から15時までの間は「6〜7分間隔」という記載のみであり不思議である。また，都営浅草線は東京都初の地下鉄でいまだに電光掲示板が無い駅があり，都営大江戸線は運行距離が40.7kmと日本で最も長く，そしてホームが地下約6階と日本で最も深いため雨や地震による運転見合わせが非常に多い。このように東京都が経営する路線は各々が特徴的である。

　1900年初頭，東京の市内電車は民間の東京鉄道会社が経営していた。しかし，当時地方議会であった東京市会との癒着があったため両者に腐敗をもたらしていた。そのため会社自体での改善は難しく，資金に行き詰まり経営困難に陥っていた。他方で，その頃日本の正貨準備が減り交換の金建てが危険な状況になり，輸入超過が続いたため日本銀行は苦しんでいた。後藤はその現状を回復するため，1911年に東京市会の刷新も踏まえて市内電車を買収して市営にしようと考えたのである。しかし，市営化反対が非常に強く，進行は困難を極めていた。そこで，後藤は桂首相兼大蔵相の秘書官であった長島隆二に政策の考案を命じた。長嶋隆二の案は，市電買収の市債を外国で発行し，減りつつある正貨の補充をするというもので，これには大蔵省と日本銀行の賛成も得られ，これを後藤が正式に提出し閣議決定を経て外債募集にいたった。そして6,400万円もの予算によって民間が経営している市内の電車を全線買収し市営としたのである。

路面電車はよく「チンチン電車」と呼ばれているが，その語源は2つある。1つは，明治から大正にかけて路面電車に装備されていたフートゴング（FootGong）という警笛様の鐘の音である。当時は手動ブレーキが主流であったため圧搾空気を使う警笛が装備できず，古い映画などにはフートゴングを乱打して駆け抜けていく路面電車がよく登場している。もう1つは，車掌と運転手の間で発車などの合図や連絡に使用した鐘である。これは車内専用で「チン，チン」という高い音が乗客の耳によく届いたので，ここから「チンチン電車」という呼び方が広く定着していったという。現在唯一東京で生き残っている都電荒川線の車両では電動ブザーが使用されており昔の趣は感じることができないが，今でも関西の近鉄や阪急など大手の車両では発車の合図に「チン，チン」という電動ベルを使用している。　　　　　　　　　　（村尾幸太）

メディア・通信

郵便諸制度（速達，内容証明，赤い郵便ポスト）

　普段何気なく目にする赤い郵便ポストであるが，これは後藤新平の発案によるものである。もともとは木製の黒塗りポストであったのを，目につきやすいようにし，郵便物をより厳重に取り扱い，火事に対応するために，後藤は鉄製の赤いポストにすることを提案したという。ポストは，時代の流れとともにその姿形を変えてきており，現在は子供や車いすに乗っている人が郵便物を出しやすいようにという工夫もされている。

　1871年に前島密の建議により，英国にならった郵便制度が開始され，全国均一料金で郵便物の送達が可能となった。初めは東京〜京都〜大阪間の主要都市で開始され，馬を貸し出す駅逓所に郵便の仕事を取り扱わせた。創業時の郵送方法は，各駅に逓送脚夫を原則8人配置し，約11kgの郵便の荷物を背負い定刻に毎日出発している。1時間に約10kmの速度で進み，東京‐大阪間を78時間で結んだ。郵便物はリレー式に運び，夜間の郵送に関しては配達中に強盗に殺傷される事件も起きていたことから，2人で当たるようにして危険に備えていた。郵便が今までの飛脚と異なる点といえば，国営であること，料金を前払いとし，その証拠として切手を発行していることなどがあげられる。また開始当初は「書状集メ箱」と呼ばれた郵便ポストを設置することで，誰でも郵便を出せるようにしたことも飛脚とは大きく異なる。料金が飛脚業者よりも値段が安く設定されていたため，業者との対立もあったが，全国ネットワークを持つ飛脚と共同して運営することで決まり，現在の日本通運にあたる陸運会社がこのとき創設され，郵便事業を運営していくための重要な役割を担った。なお，当時の輸送方法は脚夫のほかに人力車，馬，船でなどであり天候に左右されることが多かったが，その後の鉄道の開通は輸送時間の短縮や規模の拡大に大きく貢献したこともまた指摘しておかなければならない。

その後，1908年に二次桂太郎内閣に逓信大臣として入閣した後藤新平は，「市内特別郵便」，「速達郵便」，「内容証明郵便」の3つを新制度として制定した。後藤が改正に一役買った「市内特別郵便制度」は，郵便制度の原則である遠近問わず一律料金である制度の例外として，同じ文書のはがきや有封のものを市内に同時に百通以上発送する者に対して，一般郵便料金の約半額にしてより利用しやすいようにしている。そして「内容証明郵便」は，郵便物の文書の内容を謄本で郵便局に提出し，その証明を受ける制度である。後日認証を受けていることを証明する手助けとなるのであるが，商取引などが盛んになると同時に法律も複雑となってきたため，証拠が必要となることが多くなり，1910年から同制度が開始された。そのほかに「速さ」が肝心となる郵便速達制度は，1871年の郵便制度創設当初から存在していたのだが，新たに郵便速達規則を作成してより確実なものとしている。第二次世界大戦がはじまると，戦争に職員が駆り出されて少なくなったこともあり，速達郵便は廃止され，通常の郵送だけが機能していた時期もあった。

　「郵便の父」と呼ばれる前島密は郵便制度を確立させたが，後藤の打ち出した政策や新制度によって，郵便制度がより一層拡充したことも忘れてはならない。

（吉田裕香）

かんぽ生命保険

　現代の日本人にとって，万が一のために貯蓄することや，生命保険に加入することはごく当たり前のように思われている。しかし，1871年に郵便制度が創設された当時は，国民自身が金融機関などに金銭を預けることや，家計を管理するといった習慣はなく，その日その日の暮らしが重視されていた。後藤新平は，社会福祉政策という観点から，簡易生命保険制度や郵便貯金の改正を行うなど，国民が自主的生活を送るための手法を講じている。

　後藤は逓信大臣であった第二次桂太郎内閣時代に，郵便貯金制度の改正を行い，年金・恩給を郵便局で受け取れるようにした。また，考案までできあがっていたのにも関わらず制度化されていなかった簡易生命保険制度も，調査局を設立してその確立に尽力した。

　郵便貯金の取り扱いは，前島密の建議で1875年から東京と横浜とで行われていたが，当時銀行ではお金を預かるという業務も始まっていなかった。しかし，貯蓄意識の低さの結果として，国民は貧困に苦しむことになる。そこで，国民に貯蓄を奨励するために，郵貯金利を高めに設定し，万が一に備えるようにしたのである。

　その後，第二次桂太郎内閣では公債の整理を重要な使命としていたため，後藤は，元来の金利である5分2厘から4分2厘まで引き下げることを決意した。これに対しては，郵便貯金額や貯蓄者数が減少するのではないかとの声が上がっていたが，国民の関心は年々高まり，貯蓄率も増していった。また，年金・恩給の支給は地方庁からであったのだが，その受け取り場所が全国に520か所と，都道府県別で考えても平均約10か所であり，不便を感じる者も少なくなかった。そこで，地方庁管轄の年金・恩給事務を逓信省に移動させ，全国各地に普及している郵便局で受給できるようにしたのである。

　簡易生命保険も郵便貯金の開始とともに行われる予定であったが，制度確

立が困難であるとして前述の通りなかなか実現しなかった。しかし，炭鉱現場で働く労働者の過労死が増加していたこともあり，富裕層のための民間保険制度のみでは十分ではないという声があがっていた。後藤は，このような状況を踏まえて，国営生命保険の重要性を見抜き，防貧・救貧の観点から，簡易生命保険の必要性を意見書にまとめて閣議に提出している。そこでは，保険制度を営利を目的とした民間企業にまかせては，本来の目的である低所得者層の健康を守ることが出来なくなるとして，労働者保護政策の観点から簡易生命保険制度の実現を訴えた。しかし，民間の保険会社の猛反発によって在任中には実現しなかったが，簡易生命保険法案は1916年に議会において採択された。

　2007年の郵政民営化により日本郵政グループが誕生し，以前の日本郵政公社が，持株会社である「日本郵政株式会社」と4つの事業会社に分社化された。郵便局株式会社が郵便事業株式会社，株式会社ゆうちょ銀行，株式会社かんぽ生命保険の3社から委託を受けて各事業を行っており，全国の郵便局で一律にサービスを受けることができる。簡易生命保険に加入するには，一定の審査はあるものの医師の診断が必要ないことや，職業による加入制限もない。また，厚生年金や国民年金保険の受け取りも郵便局で行うことができる。他方で，国民の生活を保護する機関を民営化したことを後藤はどのように思ったであろうか。日本の郵政事業はいままさに転換期を迎えている。様々な事業展開をしなければ民間企業としての生き残りも厳しくなる一方で，弱者を救済する使命を忘れないように心がけてもらいたいものである。

（吉田裕香）

電話料金（従量制課金，パケット）

　最近ではあまりみられなくなったが，テレフォンカードに書かれている，電話をかけるときに用いられる単位をご存知だろうか。この単位は度数と呼ばれるものであり，度数制を提案したのが後藤新平である。当時の電話料金は一律であった。新聞社といった企業のような大口の利用者ならば定額制は都合がよいかもしれないが，小口の利用者である一般家庭にとって電話料金は決して安くないものであり，利用分と料金が割に合わないことも少なくなかった。さらに，電話線の架設費用が高額であったため，電話そのものの普及が困難だったのである。そこで，後藤は通信大臣時代に電話の普及を促進するため，度数制を提案したのである。この度数制には普及促進のほかに数多くのメリットがあり，収入の増加，電話加入者の負担の公平化，必要のない通話の削減，設備費の節約といった事柄を見込んでの立案であった。しかしながら，新聞各社は「電話料金度数化の案は，通信機関の発達を阻害するものである」と激しく非難し，商工会議所連合会も「わが国の現状を考えれば採用は早すぎる」として度数制反対の態度に出た。後藤は，そのようなことでひるむことなく，1908年の議会で度数料金制案を提出するのである。じつは，前職の通信大臣は，電話度数制のメリットや公平な制度であることを認めていたが，反対派を恐れて一度も議会に法案を提出していなかったのである。後藤が反対派を恐れずに法案を提出した点からは，その豪快さがうかがえる。しかしながら，法案は提出したものの予算委員会は紛糾し，1909年の議会で否決され，度数制が実現したのは1920年になってからであった。

　一律であった電話料金を定額制とするならば，度数制は従量課金制にあたる。この従量課金の仕組みが，後のNTTドコモが開発したiモードに始まる電子メールやインターネット接続機能といった，モバイルマルチメディアで用いられるパケット通信へとつながるのである。現在では，通信費は定額

制が主流になったが，かつては従量課金制で，過度なパケット通信使用によって高額な電話料金に苦しんだ人も多いであろう。かつて，後藤が度数制のメリットで述べた「必要のない通話の削減」は，「必要のない通信の削減」という意味としても考えられるのではないだろうか。「スマホばかりいじってないで勉強しなさい！」と暗に後藤が語りかけているのかもしれない。
（鈴木丈晃）

NTT

　かつてどの家庭にでもあった固定電話。つながらない人をなくそうと，この電話を普及させるまでの背景には後藤新平の活躍があった。1890年に開始した電話交換事業は日清・日露の両戦争後，電話の効用が幅広く知れ渡り，そして商工業の発達が進むにつれて電話需要が急速に拡大した。政府による大拡張を企図したものの，電話需要には追い付かなくなり，民間での電話売買が行われるまでにいたった。また，当時の電話は性能が悪い，故障が多い，混線が多い，話し中が多いといった状態でとても便利に使えるものではなかった。この現状を打開しようと，当時逓信大臣であった後藤は電話問題に取り組んだのである。

　しかしながら，後藤は電話整備のための拡張計画を議会に提出したものの，政府の財政難により計画は打ち切られてしまい，拡張できなくなった。そこで資金調達策として，従来の申し込み順による無料の電話交換加入とは別に，1907年に企業等が加入に必要な物件を政府に寄付すれば，優先的に電話を開通することができる寄付開通制度を大都市以外で設けた。また，大都市（東京，横浜，名古屋，京都，大阪，神戸）では建設費を提供することにより，優先的に電話を開通することができる至急開通制度を1909年に設けたのである。このように民間から資金を調達してくる方法は現代における電気やガス，上下水道，高速道路と同様の「受益者負担の原則」といえるのではないだろうか。また，1910年には長距離逓減法を採用し，長距離通話者の利用促進を図り市外通話の料金を引下げるとともに，市外通話時間の時間的平均化と料金の低減からなる夜間通話制度を採用したのである。

　また，後藤は電話建設会社を企図していた。これは，満鉄の組織を模倣したもので，民営の請負会社を設立して工事を担わせようとするものであった。電話事業は政府の管轄であるが，加入設備や市外線の建設などは民間の

請負会社に担わせて，電話収入で得た利益を請負会社の出資者に還付させるといったものである。最終的に，この構想は通信局の反対により実現することはなかったのだが，1952年につくられる日本電信電話公社の財政投融資の仕組みを先取りしているものである。昭和後期になってやっと実現した仕組みを，明治初期から考えていた後藤の発想には驚かされる。さらに，日本電信電話公社が民営化され，1985年に日本電信電話株式会社（NTT）となるのである。

千代田区大手町にある通信総合博物館では，テレコミュニケーションの歴史や科学を学ぶことができる。電話交換創始の地や，東京市外電話局誕生の地である当時の麹町区永楽町や銭瓶町は，現在の千代田区丸の内，大手町に位置する。交換局立地の条件が，都心でありながら交通量が多くない場所とされており，当時一面の野原であったこれらの場所が選ばれた。

電話や回線でつながらない人はいなくなった日本であるが，人の心のつながりが薄くなってしまったように感じられるのは私だけであろうか。現代に後藤が生きていれば，どのような画期的な打開策を示してくれるのだろうか。

（鈴木丈晃）

水力発電

　日本の水力発電の歴史は120年以上もむかし，1880年代後半に始まっている。当時の発電方式は全体の6割が水力発電で，火力発電がピーク時に電力不足を補う「水主火従」という関係が続いていた。しかし，1950年代後半の高度経済成長期に入ると急増する電力不足を補うため，比較的コストが低く出力の大きい火力発電が主流となった。その後，1973年のオイルショックによって資源不足に直面したため原子力発電へと移行してきた結果，水力発電は1割未満になってしまったのである。しかしながら，水力発電は長期間にわたり発電可能であるばかりでなく，再生可能・純国産・クリーンな電源でもあり，極めて公共性の高い資源である。現在も仙台の三居沢発電所や京都の蹴上発電所などは，電気をつくり続けている。

　1909年頃，和歌山県にきわめてわずかに民間の水力発電所があった。しかし，水利状況を調査していなかったため水が枯渇すると直ちに発電能力がなくなり，諸方面から苦情が続出していたのである。後藤新平は「国力の根本は動力の所有にあり」という持論を持っており，石油・石炭に日本でほとんど採掘できず外国に頼っているため水力発電は必須のものと考えていた。当時逓信大臣に就いていた後藤は，1910年に逓信省内に臨時発電水力調査局を設け，全国の河川調査を実施した。1400ヶ所の発電地点の調査を行い，そのうち60ヶ所の測量を実施し後世における水力発電の基礎的調査資料となった。

　また，後藤は河川の単純な利用だけでなく，ドイツ語で「谷を封鎖して水を溜める所」を意味する「タールスペル（Talsperre）」というダム建設による水力や灌漑への利用を立案し継続事業とさせたのである。当初5カ年計画として始められた大調査は，不運にも第二次西園寺内閣成立によってわずか2年目に中止されてしまった。その後，第三次桂内閣成立によって再び発電水

力調査は続行されたが，内閣はわずか50日ほどで崩壊し，後藤も逓信大臣を解任された。しかし，この調査は1913年に廃止されるまでの間に発電地点1536ヶ所，実施調査850ヶ所の水力発電の大調査となり，わが国の水力発電の基盤を形成したのである。

　2011年3月11日に起こった東日本大震災後，原子力発電に代わる自然エネルギーとして水力発電は再び注目を集めている。しかし，大規模水力発電の開発はほとんどの場合，人が生活している場所を水没させなければならないため，多くの犠牲とコストがかかる。そのため新たなダム建設には，村の立ち退き問題や周辺の環境破壊問題が浮上してしまうのである。また，水力発電は環境に優しい半永久的な再生可能エネルギーと思われがちであるが，実際はダムの底に土砂が溜まっていくため発電量は徐々に減っていくことはあまり知られていない。大規模水力発電に適した条件を持つ場所は既に開発済みであり，今後はダムを使わない中小規模の水力発電が中心となるだろう。

（村尾幸太）

電力会社

　われわれの生活は身の周りの主要なもの全てが電力で動いており，電力に依存した生活である。文明発展の動力には常に電力が働いており，1950年代は「三種の神器」と呼ばれる「テレビ・洗濯機・冷蔵庫」が豊かさの象徴とされ，1960年代の高度経済成長期には3C（カラーテレビ・クーラー・自家用車）が広まり，現在ではIT時代と呼ばれパーソナル・コンピュータなくしては仕事ができないほど，電力は普遍的で絶対的な資源となっているのである。

　後藤新平には「国力の根本は動力の所有にあり」という持論があり，電気事業に非常な関心を有していた。日本の電気事業は1909年末で中小電力会社を中心に879業者となっていたが，これは法整備が遅れていたため粗製乱造の様相を呈していたためである。後藤は電気事業の安全経営と発達助長のために同年，電気事業法案を議会に提出し2度否決されたが，1911年に議会でようやく協賛を得て同年に公布された。この法律は，1964年に制定された現行の電気事業法の前身である。

　また，後藤は1908年に行われた万国電気単本位会議決議に基づき電気測定法案を議会に提出して1910年3月にこれが公布され，さらに電気計器試験の準則を定めた。他方で，後藤は1909年7月に通信局から電気局を独立させ，電気事業をはじめとした電気一切に関する事項を掌握したのである。そして，私設電灯会社を合併して料金を値下げさせ，あるいは，既存の電力会社に電灯事業を経営させて電灯料金の値下げを実現した。その結果，電力会社の合併が進み，大正末期には五大電力会社と呼ばれる東京電燈，東邦電力，大同電力，宇治川電力，日本電力の5社に集約されていったのである。しかし，1939年の国家総動員法によって五大電力会社を含む全国の電力会社は日本発送電と9つの配電会社に統合されていったのである。

　なお，現在の電気事業連合会加盟の電力会社のうち沖縄電力以外の9社

は，第二次世界大戦後のポツダム政令によって日本発送電の再編により発足している。沖縄電力に関しては，第二次世界大戦後，1954年2月に琉球列島米国民政府の出資で発足した琉球電力公社を，1972年5月の沖縄本土復帰に伴い，国と県が特殊法人として再編し発足した会社である。

　日本の発電電力量の割合は，2009年現在で火力49％，原子力28％，水力6％，その他17％となっている。2011年3月11日の東日本大震災以前は東京電力を中心にオール電化を唱っていたが，震災後の福島第一原子力発電所の放射能漏れに伴う電力不足による計画停電などは，日本国民の生活に多大な影響を与えた。原子力発電は今後減っていくと思われるが，2011年5月31日に民主，自民両党の首相経験者が顧問に名を連ねる「地下式原子力発電所政策推進議員連盟」が発足しているため，今後の原子力発電の動向は先が見えなくなっている。

（村尾幸太）

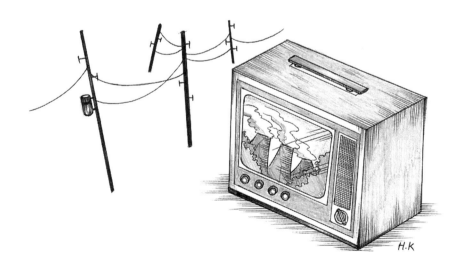

▶ N H K

　メディアは数多くあるが，テレビやラジオといった無線放送ほど身近で浸透している媒体はないであろう。その無線放送にも後藤新平は大きく関わっているのである。1919年の民間初の無線電話実験を皮切りに，さまざまな新聞社が宣伝効果の大きさと速報性の観点から続々と無線電話の公開実験を始めた。また，1924年の第15回総選挙の開票結果速報などのニュース速報を行うことでラジオ放送に注目が集まり，無線放送に対する意識が高まっていったのである。

　ラジオ放送に対する意識の高揚と共に，新聞社などの報道機関や電機メーカーから報道施設や放送無線電話事業の認可申請が逓信省に出され始めたが，第一次世界大戦後の不安定な社会状況から放送事業は国営にしなければならないとされた。民間が自由に放送を行えば言論や思想の暴走の恐れがあると逓信省は考えたのであろう。ところが，放送事業の国営化方針に対して，予算不足やわざわざ国営で放送する必要があるのかといった疑問の声が上がった。放送事業は国営で行う計画を進めていた逓信省であったが，1923年の関東大震災の影響で計画を中断せざるをえなくなってしまった。むしろ，大震災は緊急時にこそより早く情報が伝わるラジオの必要性を再認識させることになった。そこで，円滑な放送を可能にするための法案の整備が急務となり，同年に「放送用私設無線電話規則」を制定，さらに翌年には「放送用私設無線電話監督事務処理細則」を制定公布した。規則は条件を充たせば放送施設としての許可が下りたため，報道機関や電機メーカー，研究団体など100にも及ぶ団体から放送事業の認可申請があったが，逓信省は東京，名古屋，大阪の３都市のみに放送局の設置を許可したのであった。

　法案の整備も整い，1925年３月22日には東京放送局よりアジア初のラジオ放送が行われたのである。東京放送局開局の式典で，初代総裁を務めていた

後藤は放送の機能として，文化の機会均等，家庭生活の革新，教育の社会化，経済活動の敏活化という4点を述べたのである。この放送の機能は現代にも通じるものがあるのではないだろうか。当時のラジオは娯楽として考えられていたが，教養として用いることができると考えた後藤の着眼点はさすがであるといえよう。

　ラジオの普及とともに，逓信省は全国どこでも安い鉱石式受信機でラジオ放送を聞けるようにするための全国鉱石化を目標に掲げ，欧米の技術や経営を参考にして放送網の拡充を図った。また，欧米におけるラジオによる効能に倣い，1926年8月6日に社団法人日本放送協会を設立したのである。のちに，この日本放送協会は戦後GHQの指導のもとで民主化が進められ，略称としてNHKと呼ばれるようになり今日に至っている。東京放送局は港区の愛宕山にあり，現在ではNHK放送博物館となっている。博物館の3階にある「放送が伝えるもの」のフロアでは，一番はじめにある「放送のあけぼの」のコーナーで後藤の胸像が出迎えてくれる。地上デジタル放送となった現在の日本の放送を愛宕山からみて後藤は何を思うのであろうか。

（鈴木丈晃）

読売新聞の再建

　読売新聞社は，1874年11月2日に合名会社「日就社」が創刊した，全国紙として日本最古の新聞社である。また，「読売」という題号は「読みながら売る」瓦版に由来している。現在も日本最大規模の新聞社であり，新聞としてだけではなく，「読売ジャイアンツ」というプロ野球球団の親会社であり，日本国内に「読売」の言葉を知らない人は少ないだろう。じつはこの読売新聞社は，関東大震災後に内務大臣として政界に復帰した後藤新平によって買収されたのである。しかし，後藤は読売新聞を直接買収したのではなく，のちにテレビ放送の父やプロ野球の父と呼ばれる正力松太郎を利用して間接的に買収している。

　正力は，貴族院の有力者とのつながりが深く，貴族院の根回しに長けていたため，後藤の信用が非常に厚かった。警察を統括する立場にある内相である後藤としても正力の使い勝手がよかったのであろう。正力は後藤内相時に警視庁刑務部長を務めていたが，1923年に摂政宮裕仁親王（後の昭和天皇）が狙撃された虎の門事件の警備責任をとって懲戒免職となった。失意の中で今後の人生を考えていた正力にもとを訪ねてきた旧知が，発行部数は4万部程度で東京の新聞社としては三流紙に甘んじて経営難にあえいでいた読売新聞社を買収し，その資金は後藤に融通してもらうようにという話を持ってきた。後藤は，ドイツ留学時代に，ビスマルクが行った世論操作による社会政策や行政政策を肌で感じ，新聞を利用して大衆に訴えかけるという手法に刺激を受けていた。ドイツでは，国家から高額の補助金をもらって政治を代弁する新聞も存在しており，新聞が世論を形成して政治や社会を動かすことに対して，後藤はなみなみならぬ興味を抱いていた。

　そのため，後藤は正力の手腕を信じて10万円（現在の3億円に相当）という大金を貸し与え，正力はこれによって読売新聞を買収することに成功したの

である。10万円融資の際にも逸話があり，読売を買い取りたいので10万円を貸してほしいとの正力の申し出に対して，後藤は詳細も聞かずにあっさり引き受けたのである。さらに，「新聞経営は難しいと聞くから，失敗したら金はきれいに捨てて返さなくてもよい。」とまで言ってのけたのである。自分が見込んだ者には惜しみなく協力する後藤の度量の大きさには驚嘆である。正力は，後藤が10万円もの大金を東京商工会議所から借りたのだと思っていたが，じつは後藤の自邸を担保に工面したもので，「失敗したら水沢の水のみ百姓に戻ればよい」とまで言ったそうである。正力を利用しようとした魂胆があるとはいえ，ここまでの覚悟を持った豪傑は他に誰がいるだろうか。読売新聞の買収に成功した正力は，新聞の大衆化を目指し，インパクトのある見出しの三面記事によって購読者を増やして大新聞へと成長し，政治や社会に対して絶賛や非難を繰り返すことにより，世論を形成していくこととなるのである。

　後藤が1929年に他界して4年ほど経った後に，正力は資金の出どころの真実を知ることになった。そこで正力は読売新聞の社長室に後藤の肖像画を額に掛けて謝意を表した。また，後藤の十三回忌である1941年には，後藤の故郷である水沢に後藤から借り受けた10万円の倍額である20万円を寄付して日本で初めての公民館を建てたのである。正力のその後の活躍も後藤との出会いが始まりだったのかもしれない。

（鈴木丈晃）

組織・建造物

伝染病研究所

　腕にうっすら残る跡，それは幼いころにハンコ注射をうけたものであり結核菌への抗体を作るために法律に基づき行われている予防注射なのである。記憶に残っている人が多いと思うが，ハンコ注射を受ける前にツベルクリン反応検査の注射を行っているはずである。結核菌の抗体が作られていると陽性反応をしめすものであり，陰性反応であればハンコ注射を受けることになる。2005年の法改正で，「生後6カ月未満の幼児にはツベルクリン検査反応なしに1回のみ行うこと」と簡略化された。

　1890年において，ドイツ人医師コッホによる結核治療薬ツベルクリンの発見は大変画期的なものであった。コッホが結核菌を発見してから全世界が待ち焦がれていた治療薬ツベルクリンが開発されたとのニュースが上がってきた頃，コッホのもっとも信頼のおける助手として活躍していた北里柴三郎を中心とした専門機関を日本に設けようとの案が飛びかっていた。結核治療薬は発見されたが，創製方法に関しては曖昧であったため，伝染病研究所設立計画が持ちあがったのである。コッホがツベルクリンの発見をしたとき後藤新平はドイツにいたのだが，伝染病研究所の開設を支援し，日本へ帰国し衛生局長として復職した後も支援者を獲得するために奔走した。後藤は1890年4月から92年6月までの約2年間，ドイツに社会政策を学ぶために私費留学をしている。その間，後藤はコッホの許しを得て北里の研究室に3ヶ月間留まった。北里から細菌学の基本を学ぶだけではなく，社会衛生の研究と資料収集にあたった。後藤はもともと医者であったこともあり，社会衛生の面から必要不可欠なものと考えていた。

　公費留学をしていることもあり，北里は海外への複数の招聘も断り日本へ帰国した。しかし，内務省衛生局の勢力に対抗する東京帝国医科大学校との対立によって専門研究所の建設はいっこうに進まなかった。困難と見られて

いた研究所設置が実現されることとなったのは、後藤を衛生局長に推薦した長与専斎が旧友であった福沢諭吉と話しているときに偶然ツベルクリンの話題が持ち上がり、研究価値があるのだからと、福沢が港区芝公園に所有していた土地を無償で提供したことがきっかけである。1893年に伝染病研究所を建設することになったが、猛烈な批判は止まることがなかった。住民側は上下水道を通して病毒を散らす恐れがあるとして猛反対し、中には研究所に石を投げ込む者までいた。そこで、衛生局長であった後藤は部下に「あの伝染病研究所の敷地の前に建ててある看板に、今晩、墨をいっぱいぬってこい」と命じた。部下は非常に驚いたらしいが、なにしろ長官の命令であるから指示通りに動いた。翌日、住民がそれをみて大騒ぎし、政府が建てた看板に墨を塗るとはいくらなんでもけしからんと世論はいっきに変わってしまったという。その後、工事を推進させ、翌年に完成している。その後、北里らは「ジフテリア血清療法」を完成させ、90％以上の治療成績をあげたというから、後藤には先見の明があったといえる。後藤はその後、国立研究所として国有化することで研究費に困らないようにとの考えから伝染病研究所の国有化案を掲げたが、衛生局長在任中には実現されなかった。その後伝染病研究所は、第二次世界大戦後に至るまで、日本における伝染病研究の中心として、抗血清などの最大の製造所として活動した。伝染病研究所は1967年に廃止され、現在は東京大学医科学研究所として知られている。

　北里は、1920年11月に設立された慶應義塾大学医学部の初代学部長に就任している。福沢諭吉と北里柴三郎、後藤新平は意外なところで繋がっており、ともに時代を作っていたのである。

（吉田裕香）

警察学校

　警察官として採用されると，職務によって異なるが，最低でも半年間は警察学校に入校しなければならない。現在の警察学校では警察官としての在り方や，憲法や刑法などの法学，体育，逮捕術，拳銃操法などの術科等を高卒，大卒，短大卒を問わず学ぶことになる。また，皇宮警察官に採用されると乗馬や短歌の授業もある。この警察学校の前身となったのが「警察講習所」である。

　明治政府の参議であった広沢兵助が，福沢諭吉に欧米諸国の警察制度の翻訳を頼み，それを基盤として警察法が起草された。1871年に，明治政府はこれまでの各藩の藩士によって治安を守るやり方を改め，近代警察制度の研究のためにパリに留学していた川路利良の建議を受けて治安行政機関として東京警視庁を創設し，約5300人体制で東京の治安維持に当らせた。1881年には内務省に警保局が発足し，内務省直轄の警視庁が誕生した。第二次世界大戦後，GHQによって内務省の業務は国土交通省や厚生労働省などに移されたが，かつては地方行政や警察，衛生などの国内行政に関する業務も行っており，内務省の業務範囲はかなり広かったことが伺える。

　1916年に寺内正毅内閣が発足したとき，後藤新平は内務大臣として入閣している。当時，後藤は内務省を「ひからびた梅干しみたいだ」と表現しているが，省内を一新するために設備の充実と人員増大に取り組んだ。その中で，警察官の待遇を改善し，人数を増やすことに力を入れている。イギリス，フランス，ドイツの勤務体制・待遇を比較，計算して具体的な数値を割り出し，「警察消防改善要綱」にまとめている。さらには，警視庁に長く勤務していた内務省職員から毎朝報告を受け，改善の必要があるのかどうかの検討を繰り返していた。そして，警視庁の創設以来の大改革として，警視庁に勤務する総員を6千人から1万人に増やしている。当時は，18時間の勤務

の中で6時間の休憩があったが，断続的に休んでいたため緊急時に迅速な対応ができないなどの弊害があった。また，勤務後は1日休みとなるが，これも能率が悪く，治安を維持することに支障を来していた。忙しさのあまり，非行に走る者もいたという。さらに，警察官の当時の給料は月平均18円であり，生活を維持することで精いっぱいの額であり，仕事内容のわりに給料があまりにも少ないとして給料をあげることも求められていた。

　後藤は，数回に分けて警察官の数を増やし，給料増額を行った後に，「警察講習所」を設置した。それまでは，内務大臣を総裁としていた民間団体の警察協会が，各都道府県知事が推薦した警部や警部補を集めて訓練をしていた。後藤は，この事業を政府の管轄に移し，建物もそのまま使用した。知事からの推薦者であることには変わりなかったが，毎年200名の警部や警部補が警察講習所に通って，犯罪捜査や法医学，衛生学，電気やガス等の取扱いについての技術や実務を1年で身につけ卒業した。これは，警察官としての基本を学ぶ施設を整え，質の高い警察官を育てようとするのが目的であった。後藤の警察官数増大の政策と，警察講習所における訓練が，1923年9月1日に発生した関東大震災の際に大きく貢献したことはいうまでもない。その流れは，今日の警察学校にも着実に受け継がれ，世界で最も優秀といわれる日本の警察官の質の向上に寄与しているのである。　　　　　（吉田裕香）

日比谷公会堂・市政会館

　第二次世界大戦前から1960年代頃までの，わが国におけるクラッシック音楽演奏会のメッカといえば日比谷公園内の日比谷公会堂であった。日本のカーネギーホールともいわれ，その格調高さと荘厳さゆえに一部の大学の入学式や卒業式なども挙行されている。日比谷公会堂は1929年に竣工され，当時の東京では事実上唯一のコンサートホールであった。「事実上」というのは，そもそも日比谷公会堂はコンサートホールとして建造されたのではなく，そのことは同建物の構造からもうかがい知ることができる。首都東京の迎賓館ともいうべき帝国ホテルの正面から日比谷通りを渡って，日比谷門から日比谷公園に入って左側，歴史的名跡ともいうべき大噴水を前に控えて構える4階建ての重厚なレンガ造りの建築物こそが日比谷公会堂である。ところが，国会通りに面する公会堂の裏手に回ると，公会堂よりもはるかに大きな6階建てとなり，さらに中央部分にはもう4階屋を重ねた時計塔がそそり立っている。そして，そこには「市政会館」という看板が掲げられており面喰うことであろう。じつは，当該建築物の公園内寄りの半分は日比谷公会堂として東京都が管理（2003年以降は地方自治法の指定管理者制度により民間会社が運営）し，国会通り寄りの半分は東京市政会館として財団法人東京市政調査会が管理しているのである。果たして一体，何がどのようになってこのような建築物が生まれたのであろうか。

　1918年に寺内内閣が崩壊すると，外務大臣だった後藤新平も浪人生活を余儀なくされた。しかし，後藤にとっては息抜きをして英気を大いに養う好機と映ったのであろうか，翌年，家屋を抵当に入れて，腹心たる新渡戸稲造を伴って8カ月もの長きにわたる欧米歴訪の旅に出た。後藤はこの旅行において，第一次世界大戦の混沌の中から新たに形成される世界経済の勢いと，国際政治外交の新たな力学を目の当たりにする。その中において，日本が国際

競争に勝ち残り，優位な立場を維持し続けるためには，国際情勢をつぶさに調査研究する機関が必要であるとの構想に至る。ここに大調査機関設立構想が打ち立てられ，当時の原敬総理大臣に提案するも，取り上げられることはなく，さらには後藤の東京市長就任によって構想そのものは沙汰闇となる。

東京市長に就任して市政改革に辣腕をふるった後藤ではあったが，あまりにも非合理的で無駄の多い東京市政の現状に対して，やはり調査機関の設立は急務であると感じていた。折しも，後藤は，都市研究会を立ち上げて，緻密な都市計画に基づく都市環境の整備と，中立な市政の実現を力説し，市政調査会の設立を提案していた。これに対して大財閥の安田善次郎が共鳴し，市政調査会会館の建設費用として350万円（現在の700億円に相当）を寄付すると申し出たのである。残念ながら，安田は東京市政調査会が発足する前年の1921年に凶刃に倒れるが，遺族が安田の遺志を引き継いで寄付行為を実行し，1929年に日比谷公園の一角に市政会館が建設されたのである。残念ながら，後藤は市政会館の竣工を見ることなくこの世を去るが，東京市政調査会は「東京その他内外諸都市の都市政策に関する諸般の調査研究を行うとともに，公私の機関と協力してその実現を期し，もって都市自治の発展と市民生活の向上ならびに都市問題の解決に資すること」を目的として，今日なお精力的な調査研究活動を継続しており，その機関誌である月刊『都市問題』は都市問題研究者や社会学者の必読本としてその学術的権威性を保っている。日比谷公会堂は，東京市政調査会が本拠とする市政会館に附設する形で建てられ，演劇，音楽，各種講演を通じて東京市民（都民）の教養を高める場として期待され活用されてきた。他方で，中立した市政を実現するこの場所で，1960年に当時の社会党委員長であった浅沼稲次郎が演説中に暗殺されるという言論封殺事件があったことも忘れてはならない。　　　　　（奥田進一）

ボーイスカウト

　公益財団法人ボーイスカウト日本連盟は，1922年に創立された。そもそも1907年にイギリスで始まったボーイスカウト運動は，現在では161の国と地域，3000万人にも広がった世界最大の青少年運動とされている。日本では街頭募金運動などで精力的に活動しているが，当初は，青少年の市民性の教育とともに，戦争に備えるために青少年を育成せねばならないという意識から始まったものであった。

　1922年にイギリス皇太子の来日を歓迎するために少年団日本ジャンボリーを開催するにあたって，どうしても中心人物に強力な人材を置く必要があると考えた日本ジャンボリー準備委員会は，当時東京市長でもあった後藤新平に総長として大会の指揮を願い出た。これがきっかけとなり，後藤は少年団の面倒をみるようになったのである。この日本少年ジャンボリー以前の少年団事業は地域別で異なる目標を掲げ，別々の行動をとっていた。さらには，外国の模倣にすぎないなどと，冷ややかな視線を向けられることも少なくはなかった。しかし，イギリス皇太子の来日の際に，後藤が総長として指導したことから飛躍的に発展していくのである。後藤は，金銭的な援助として東京市長退任の際に贈られた慰労金10万円をそのまま少年団日本連盟に寄付し，財政的支援を行った。

　後藤は，「自分は子供を先生だと思っていろいろ教えられるつもりでいるのだ。そうでなければ，こんな老人と子供は遊んでくれないよ」と語っている。後藤が少年団に鼓吹したのは「自治三訣」，すなわち「人のお世話にならぬよう，人のお世話をするよう，そして報いを求めぬよう」であり，少年団に対してのみばかりではなく多くの人にこれを伝えている。また，後藤は少年団の団服に，英国風にデザインされた服を採用した。はじめは駅員と間違えられて荷物を頼まれたりして困惑する場面もあったようだが，皆で同じ

服装をすることによって団結力が高まると喜んで受け入れられた。団服には幹部用と健児服があるのだが，後藤は健児服を大変気に入って，少年団の行事に参加する時には必ずこれを着用し，幹部服は高貴の御前に出る場合にのみ着用したそうである。

(一)
僕らの好きな総長は
白いおひげに鼻眼鏡
団服つけて杖もって
いつも元気でニーコニコ。

(二)
僕らの好きな総長は
健児のためと云うならば
お国のはてのはてまで
喜び勇んで行かれます。

(三)
僕らの好きな総長は
古稀のお年になられても
ますます丈夫でえらい方
総長いやさかいーやさか。

　少年団がこの「後藤総長弥栄の歌」を歌うと後藤は涙して喜んだという。晩年の後藤の楽しみというのは，少年団と一緒にいるときであったに違いない。戦時中，ボーイスカウト運動は解散させられていたが，1947年にGHQの許可を得て横浜と東京で活動を再開した。現在でも，児童活動の場として全国各地で積極的に活用されている。

（吉田裕香）

エクステンションセンター

　比較的規模の大きな大学になると，エクステンションセンターや公開講座が開設されていることが多い。これらは，その大学に所属する正規学生以外に，広く一般大衆に向けて，その大学の教授等による専門科目や教養科目が期間を限定して安価に提供される。こうした大学の活動は大学拡張（University Extension）と呼ばれ，大学に蓄積された物的・知的・人的資源を，社会に開放しようとする狙いがある。大学拡張は，19世紀中ごろにイギリスのケンブリッジ大学において始まり，当初は階級や信仰の制限を超えて学生を受け入れることが主な目的であったが，その後に大学教育を受ける機会に恵まれない学外の人々に対して，大学教育を提供することが主流となった。そこでは，学外の学習組織が大学の講師を招いて連続講座を行い，ケンブリッジ大学で行われている教育がそのまま再現された。これはケンブリッジ・モデルと呼ばれ，その後に他の欧州諸国やアメリカにも広がって行った。

　このような欧米における大学拡張の動きが盛んになるのとほぼ同時期に，日本においても後藤新平の尽力により大学拡張が実現し，信濃木崎夏期大学として今日まで継続していることは意外と知られていない。後藤は，1906年に創設された社会啓蒙団体である「社会教育会」の役員に名を連ね，そこで次のような理念を表明している。

>　蓋し現代の学者多くは，其学問を独占し，……国家の不利是より甚だしきはなし。故に学者をして成るべく社会に接近せさしめ，学者と世俗の隔壁を排除し……

　後藤は，イギリスの大学拡張に啓発されてこの「学俗接近論」をことある

ごとに提唱し，1914年（1913年あるいは1915年という見方もある）に通俗大学会を発足させた。後藤が総裁を，新渡戸稲造が会長を務めたこの通俗大学会は，図書の刊行と地方講演会を主な活動内容としていた。後藤は，1916年に小諸，長野，松本，諏訪を巡回講演し，北安曇野郡で小学校校長をしていた平林広人に出会う。平林は，デンマークにおける農業と教育の振興による国づくり・人づくりを目的とする「国民高等教育施設」を手本とした，万人に開かれた自由な教育を実践する夏期大学構想を訴えていた。平林の構想に共感した後藤は，同年に信州出身の財界人に呼び掛けて夏期大学の運営基金として１万円余りの寄付金を集め，これを基に1917年に財団法人信濃通俗大学会が設立され，同年８月１日から８月21日の日程で第１回信濃木崎夏期大学が開講された。講師には東京帝国大学教授の吉野作造，京都帝国大学教授の青柳栄司，内務大臣の前田多門などが招かれたほか，後藤自らも「夏期大学と文明生活」と題した講義を行っている。以来，信濃木崎夏期大学は，第二次世界大戦中であっても一度も休講することなく今日まで脈々と知の伝授を継続している。

　今日，大学の「大衆化」や「多様化」が叫ばれているが，大学教員として教育研究に携わる者としては，方法さえ誤らなければそれで好いのではないかと感じている。かつて大学は「象牙の塔」と揶揄されたことがあったが，学問は決して学者だけが触れることのできるものではない。世間一般に受け入れられてこその研究であり，学んだことを問いかける相手は大衆に他ならない。権力におもねることなく学を独立させつつ，わかりやすい言葉で真理を探求することを忘れないように肝に銘じ，いつか「信濃公堂」の教壇に立つことを夢見て教育研究に勤しみたい。　　　　　　　　　　（奥田進一）

学校法人拓殖大学

　拓殖大学のホームページによれば,「拓殖大学は明治33年（西暦1900年），桂太郎公爵の手により台湾協会学校として台湾開発のために「地の塩」になって貢献しうる人材の育成を目標に創立されました」とある。衆人は，桂公が有為な人材育成を願い，私財をなげうって学校作りに東奔西走されたのだと信じて疑わない。しかし，1900年に創立されたのは「台湾協会学校」という専門学校であって大学ではなかった。

　当時は，中央の高級官僚をはじめとして政府の要職に就く人材のほとんどは，帝国大学によって育成されていた。しかし，日本社会の急速な成長に伴い高級官僚以外の多種多様で高度な専門的人材の育成が期待され，慶応義塾（現・慶応義塾大学，1858年創立），東京専門学校（現・早稲田大学，創立1882年），英吉利法律学校（現・中央大学，創立1885年），明治法律学校（現・明治大学，創立1881年），日本法律学校（現・日本大学，創立1889年）等の専門学校が林立されていた。台湾協会学校を含むこれらの専門学校は，政治家や一部の法律家や篤志家などが，半ば私塾の延長線のような形で開校したものであった。

　こうした状況にもかかわらず，帝国大学の圧倒的な権威性のもと，私立専門学校の地位は低く，高度な専門的人材育成という崇高な理念をなかなか成し遂げられずにいた。その後，1903年に専門学校令が施行されて私立専門学校もその法的根拠を得るが，帝国大学との格差を是正すべく大学昇格への要望が高まり1918年に大学令が公布される。ところが，大学令によって大学に昇格するためにはいくつかの厳しい法定要件を満たす必要があった。とくに，大学を維持し得る基本財産として一学部につき50万円（現在の100億円相当）の供託金を準備せねばならず，多くの専門学校が資金調達に難航していた。この点は現在も同様で，現行の大学設置基準（1956年）の要件に従えば，東京において拓殖大学と同規模の大学を新設しようとするならば，ざっと

500億円近い費用を要するであろう。

　後藤新平は1919年に拓殖大学（すでに大学令の施行を踏まえて1916年に大学と称していた）第三代学長に就任する。後藤に期待されたのは，大学への早期昇格とそのための資金調達であったといっても過言ではない。いかに辣腕の政治家といえども，今も昔も100億円もの大金を右から左へと調達することは神業に等しい。しかし，後藤は，その政治家としての敏腕を大いに振るった台湾において主幹産業に成長していた製糖業に目を付け，拓殖大学の理念と台湾をはじめとする東洋の各地において有為な人材育成を行う旨の募集趣意書を作成して，台湾の各製糖会社に拓殖大学設立のための基金を割り当て，１年も経たないうちに見事に目標額である50万円の調達に成功したのである。その結果，拓殖大学は1920年11月11日に大学令による大学設立認可申請をなし，1922年６月５日に設置が認可されたのである。なお，この大学令によって新たに設置されたいわゆる旧制大学の多くは法律や医学を専らに教育することを目的としていたが，拓殖大学は外国語を主体として専門教育を実施することを特徴とし，その教育方針と理念はいまもなお各学部教育に着実に受け継がれているのである。

　　　　　　　　　　　　　　　　　　　　　　　　　　　　（奥田進一）

国際大学

　インターネットで「国際大学」と検索をかけてみると，国際という名を持つ学校法人だけでも膨大な数が表示される。その国際化を目指す大学の大多数が「国際社会で活躍できる人材の育成」を目指しているが，はたして21世紀に必要とされる国際人の終着点はそこでいいのだろうか。
　晩年の後藤新平が最後に夢見たのは，米国に匹敵する文化的成熟をした日本がさらに世界へと開かれた広大な東洋文化を統合，発信するための一大学府の創設である。学生は主として東洋諸国からの留学生を集め，教員もまた日本のみならず，アジアの優秀な人材を招聘しようとした。日本はすでに多数の中国人留学生を迎えていたが，後藤は政府や学校当局者の彼らに対する待遇に不満を抱いていた。そして，1927年に後藤は自らの貯蓄や所有する土地の値上がりから得た財産，政界浄化運動に対する寄付金など多くの私財を投じて，神奈川県高座郡綾瀬村に約30万坪の敷地を買収し，明論大学という国際大学の設置を計画した。おりしもソ連訪問前であり，設立の志を貫くために遺産処分の遺言状も作成したほどである。しかし，後藤の私財のみでは資金が不十分であった。そこで後藤は，まず万博を開催し，その後に建物の一部を大学に利用する案などを考えたのである。計画は順調に進むと思われたが，実現の前に後藤は脳溢血で死去してしまったため明論大学構想は志半ばで頓挫したのである。綾瀬の予定地はその後に海軍の手に渡り，現在は米軍と自衛隊が共有する厚木航空基地の一部となっている。
　近年，世界に目を向けると，大学間がより質の高い教育を行うため国境を越えた大学連盟が存在している。ヨーロッパには，EU諸機関と協力し総合大学を中心に学術的，文化的交流の創出と社会奉仕の促進を目的としたコインブラ・グループ（Coimbra Group），ヨーロッパ各国を代表する学術研究分野において質・量ともに優れた大学だけが加盟できるヨーロッパ研究大学連

盟（LERU：League of European Research University）などがある。また，アジアにはASEAN諸国を中心としたアセアン大学ネットワーク（AUN：ASEAN University Network）があり，学生と教員による各種共同事業を通じ相互理解を促進することを目的に設立された。途上国の連盟であるAUNは，日本やEU，中国，韓国といった域外パートナー（Dialogue Partner）から技術や資金援助による共同事業も実施されている。AUNは将来の展望として，AUNを発展的にアセアン大学（ASEAN University）に転換させ，各国を代表する大学の講義を，国境を越えて遠隔講義で行う大学院レベルの大学を創ると謳っている。しかし，同大学の体制や活動内容はいまだに構想段階であり，また途上国の社会格差や資金面の問題を解決しない限りその構想から進展することは難しいだろう。後藤の想像した国際大学の完成図はまさに国を越えた教育機関であり，ただ国際社会で活躍できる人材ではなく，地球上に共生する1人の人間として，共通意識の上にたった視点をもつ人材の育成を目指したのではないだろうか。

（村尾幸太）

日独協会

　ドイツビールといえば，芳醇で口当たりが良く日本人にも非常にファンが多い。しかしながら，その味と質を保つために，1516年にドイツのバイエルン侯ヴィルヘルム4世によって公布された「ビール純粋令」を現在でも順守していることはあまり知られていないだろう。日本人には馴染み深いビールをはじめとした食やその他文化，言語といった日本とドイツの様々な文化交流の窓口として日独協会は活躍している。また，日本では，オクトーバーフェストという祭典が毎年行われ，ドイツとの関係は意図せず日常に密接な関係となっている。

　1890年4月，後藤新平は32歳でドイツへ私費留学をした。本来の目的はドイツ衛生制度の研究であったが，それ以上にドイツ留学は後藤に転機をもたらした。それは，後藤が留学以前からビスマルクの社会政策に関心をもっていたことからはじまる。とくに疾患保険や障害保険，養老保険などに関心をもち，これらをモデルとした立法に着手したこともあるほどである。そして，後藤はビスマルクに「ビスマルク公は，近世世界史における大政治家大外交家である。公のドイツ帝国大宰相としての執権時代ほど，欧州政局が波乱曲折に富み，興趣に満ちたことはない」と崇敬の念を抱き，また，ドイツの国に対しても非常に好奇心が強かった。そして，後藤は当時日本で出版した『衛生制度論』を携えてビスマルクと面会の機会を持った。この時，後藤はビスマルクに医者としてではなく政治家としての道を示唆され，その後の「大風呂敷」後藤の政治思想に大きく影響したのである。ドイツへの思い入れは並々ならぬものがあり，また，日本とドイツの交流を医者時代から思い描いていたことは間違いない。

　現在の日独協会の前身は，1927年にフリッツ・ハーバー博士によってベルリンに創立された日本文化研究所に対応して，同年6月に後藤が設立した日

独文化協会である。日独協会は1911年に創立総会を行い，初代総裁には久邇宮邦彦王，また副総裁には桂太郎元首相が就任した。しかし，第一次世界大戦の勃発によって日独交戦状態となり，この両国の親善社交団体は暫時停会となった。その後，1926年に一度再興したのだが，両会は第二次世界大戦の日本とドイツの敗戦によって姿を消した。しかしながら，1952年7月22日，日独国交の再開と共に新しく財団法人日独協会が組織され，旧日独協会並びに旧日独文化協会の事業を承継して現在に至っている。その目的は，「日独両国民相互の協力により両国文化の交流，科学技術及び経済上の連絡を密にし，もって両国の理解と親善に寄与すること」にある。現在も，日独協会は日本とドイツの政府・関係諸団体と連絡を密にし，両国の各分野における友好関係を推進する中核団体として歩みを続けている。

（村尾幸太）

震災復興

築地市場

　都民の台所としてその名を馳せている築地市場は，都内11か所に点在する東京都中央卸売市場のひとつであり，約23haの面積は都内随一であるだけでなく，日本最大そして世界最大の卸売市場である。市場外郭には築地場外市場商店街が広がり，もはや東京を代表する一大観光地と化している。現在，7つの卸売業者（大都魚類株式会社，中央魚類株式会社，東都水産株式会社，築地魚市場株式会社，第一水産株式会社，千代田水産株式会社，総合食品株式会社）と約1,000の仲卸業者があの独特の調子の「セリ」によって，生鮮食料の活気ある取引を行っている。生鮮食料品だけで一日平均3,350 tが入荷され，約21億円の取引金額にのぼる。

　もともと，とくに鮮魚を扱う市場は江戸の昔から日本橋室町一帯に設置されていたが，明治に入って人口が急増すると取引業者も増加し，市場も不衛生を極めるなどして多くの問題が指摘されていた。そこで，東京市長であった後藤新平は1923年3月に中央卸売市場法を制定して，東京市が指導，運営し，衛生的で公正な取引による価格と品質の安定を指向した。新しい市場整備と運営に向けた作業が開始したばかりの同年9月1日，東京市は関東大震災に見舞われ，震災被害のみならず，同時に発生した大規模火災により東京市の半分近くが焼失し，死者は10万人を超えた。同年8月に発足した山本権兵衛内閣において内務大臣に就任していた後藤は，「帝都を化して焦土となしたこの惨状は，言うに忍びざるものありといえども，理想的な帝都建設のため，真に絶好の機会なり」として帝都復興の大方針を閣議に提出した。この際に，日本橋魚河岸に代わる新市場の開設も帝都復興事業の一環として決定されたのであった。新市場は，東京の水運の主軸である隅田川に面したうえに，鉄道交通の要衝である汐留駅（旧新橋駅）に近い，旧外国人居留地が選ばれた。このときに新たに築造すべき建築物については耐火・耐震構造と

すべしとの方針に拠ったため,築地市場も鉄筋コンクリート造の頑強なものとして設計された。設計にあたって参考とされたのは,ミラノ,ミュンヘン,フランクフルト,ライプチヒ等の当時の建築先進国の建造物であった。こうして,1935年に,現在の位置に「東京市中央卸売市場」が開設されたのが築地市場の始まりである。

　2001年に,すでに取引量が飽和状態にあり,80年近い歳月を経て老朽化した築地市場の豊洲への移転が東京都により決定された。しかし,移転予定先の豊洲の東京ガス工場跡地からは,地下水については環境基準をはるかに超えるベンゼン,シアン化合物,鉛,ヒ素が,土壌についてはベンゼン,シアン化合物,ヒ素が検出された。いまこの問題をめぐっては環境問題の視点から反対運動も含めて盛んな議論がなされているが,後藤は物流の視点から市場建設地を慎重に選定したはずである。こうした視点を欠いた市場移転問題を,後藤が聞いたらどのように評価するのであろうか。おそらくは,「生物学の法則でやれ!」と一喝し,無理な建設推進には断固として反対することであろう。

（奥田進一）

東京の幹線道路

　1923年に起こった関東大震災直後，アメリカの政治外交史学者であるチャールズ・A・ビアードは後藤新平に「ただちに街路を決定せよ。人びとに家を建てさせるな」という旨の電報を送った。ビアードは，災害後の混沌のなかでは人びとは無秩序になるという，ハリケーンや火災といった災害が多いアメリカの教訓から，後藤に震災復興の助言をしたのであろう。

　震災復興計画のみならず，江戸の五街道にみるように，幹線道路の整備は重点に位置付けられる。東京の幹線道路として東西を横断する靖国通りと南北を縦断する昭和通りの十字（現在の都営新宿線岩本町駅にあたる）を軸にして，平行するよう東西に蔵前橋通り，永代通り，晴海通り，南北には江戸通り，日比谷通り，外堀通りなどの幹線道路を整備していった。さらに，街路樹を設けるなどして，外観も美しくモダンな幹線道路にしたのである。関東大震災復興後の幹線第1号である昭和通りでは，中央に分離帯を兼ねたグリーンベルトを設けているのが特徴である。のちの話になるが，グリーンベルトの中央に路面電車が走り，地下には地下鉄が走ることが計画されるのである。都市の効率性を考えて幅広の道路となっており，靖国通りは幅36m，昭和通りは幅44mに及ぶ。そのため，歩道も幅広く設計され，並木は4列もあった。

　また，幹線道路整備構想の中でも環状道路構想が特筆されよう。環状道路構想とは，環状1号から8号までの8本の環状道路で東京の都市構造を決定するものである。関東大震災以前のわが国では，平城京や平安京のように碁盤の目状の道路を敷設して都市を作っていくのが主流であった。しかしながら，格子状の道路は見栄えは良いが，近代社会においては重大な欠点がある。目的地に着くまでに何度も角を曲がりジグザグに進むしかないため，必然的に信号待ちが多くなり渋滞が避けられない。後藤は，はやくからこの欠

点を見抜き，環状道路と立体交差を組み合わせるという非常に効率のよい道路づくりを行ったのである。さらに驚くべき点は，後藤が道路整備構想を打ち出した時には，自動車はほとんど普及していなかったことである。

　後藤は，帝都復興事業のために全てを刷新したのではなく，江戸時代より続く町割りを活かした街路づくりも行った。市区改正（明治時代から大正時代にかけて行われた現在の都市計画にあたるもの）で生まれた晴海通りのような新しい幹線道路は，新たに幅を広くして新時代に対応できるようにするといった改良を加えた。また，第1号から第20号までの主要幹線街路の名称は懸賞公募にして親近感を持たせた。

　帝都復興事業以降はほとんど街路事業が行われていない点からして，当時の基盤が現在まで機能し続けているのは目を見張るものであり，後藤の先見性には感服せざるを得ない。残念ながら昭和通りの中央分離帯がなくなってしまっているが，これは時代の流れなのであろうか，それとも車の流れなのであろうか。東日本大震災を経験したいま，まちづくりに寄せる期待は大きくなるばかりである。

（鈴木丈晃）

復興九橋梁のデザイン

「橋の博物館にしよう」という後藤新平の提言により，隅田川にはデザインに富んだ橋が架けられている。1923年の関東大震災で焼失した橋の架けかえと，新設したものを合わせ，合計425もの橋が国・市の事業として実現した。震災前は構造材が鉄で橋面は木材であったため，火事により焼け落ちてしまい避難ができなかったという苦い経験があった。そこで，震災復興計画事業として，鉄やスチールでできた橋が架けられることになるのである。隅田川には復興九橋梁と呼ばれる橋があり，下流から上流に向かって相生橋，永代橋，清洲橋，両国橋，蔵前橋，厩橋，駒形橋，吾妻橋，言問橋といった9つの橋からなっている。9つの橋のうち両国橋，厩橋，吾妻橋の3つの橋は東京市が担当し，残りの6つの橋は内務省復興局が担当して建設した。かつてはトラス橋と呼ばれる棒状の部材を三角形に組み合わせる構造であったが，吊り橋やアーチ橋といったさまざまな構造で橋を建造することにより，近代的な景観をつくりあげていったのである。

これまではイギリスやアメリカ式の技術を用いた橋が主流であったが，新たにドイツ式の技術を用いた橋が採用された。ドイツ式で代表的なものは清洲橋で，当時世界の美橋として知られていたドイツのケルンにあるライン川に架かっていた吊り橋がモデルになっている。女性的で美しい曲線を持った橋であり，1928年に竣工した。橋名は公募により決められたもので，中央区日本橋中洲町と江東区清澄町を渡していることから，両方の地名から一字取って名付けられたものである。また，女性的な清洲橋に対して男性的な橋として永代橋がある。タイドアーチという構造を用いており，重量感のある安定した力強い橋となっている。橋名は周辺の地名が永代島と呼ばれていたことに由来し，1926年に竣工したものである。

実際に橋をめぐってみると，たもとに広い不要な空間があることを不思議

に思うかもしれない。この空間は橋詰広場と呼ばれるものであり，橋の幅を狭めた際に生じるものである。かつては技術的な問題から必要だったものであり，明治期に作られた橋によく見られるものである。現在ではこの空いている空間を緑化などに有効利用し，橋周辺の景観をより一層引き立てるものとなっている。隅田川に架かる橋のなかで，2007年に永代橋，清洲橋，勝鬨橋が都道府県の管理する橋として，さらに初の3橋同時指定となる国の重要文化財に指定された。また，1999年に蔵前橋，厩橋，駒形橋，吾妻橋，白鬚橋を，2008年に両国橋，言問橋を都選定歴史的建造物として指定した。周辺の環境を考え，橋の形状ひとつとして同じものを作らない後藤のセンスには光るものが感じられる。現代に新しい橋を架けるとしたら，後藤はどのような橋を提案してくれるのであろうか。

（鈴木丈晃）

隅田公園・錦糸公園・浜町公園

　大小さまざまなれども，東京に多くの公園があるのは後藤新平の業績によるものである。1923年の関東大震災によって焼失した私立小学校117校を，後藤は，これまでの木造から鉄筋コンクリート造りを基本として再建した。構造を鉄筋コンクリートにすることにより不燃化を図ったのである。また，公園の場所は区画整理事業によって捻出された街区の要所に設置されたものであり，再建された117校のうち，52校には隣接した小公園が設けられた。帝都復興事業大観には，「小学校に隣接せる土地を選定し一般公園と異なり特殊の機能を有する児童遊園地を為すものにして，一箇所の平均面積を九百坪とし内四割を樹林，花園に充当し，残余の約六割を広場と為し，小学校授業中は小学校専用の運動場となし，放課後並びに授業休日は一般公衆用公園として開放するもの」とされてきた。

　帝都復興事業大観では，「至る所に大小公園を配置して有事の際には避難所と成る如くにし，建築物は総て耐震耐火建築たらしむべく」ともある。学校と公園を合わせることによって，教育において公園が補完的な役割を果たすと同時に，市民の憩いの場所でありながら災害時にも活用できるように，地域の中に公園をとけこませるまちづくりをおこなったのである。御茶ノ水の錦華公園などはその典型例で，今日でも周辺の学生やサラリーマンの憩いの場となっている。墨田区横網町公園内にある復興記念館内の資料によれば，東京市面積に対する百分比の公園面積は震災前で2.0％であったのに対し，復興後には4.5％になっており，市人口一人当たり公園利用面積は0.2坪から0.5坪へ，さらに公園面積は471,939坪から1,103,826坪，公園数は33か所から107か所へといずれも増加していることが確認できる。

　また，東京市の執行による小公園を中心とした市街地の環境改良や，上野公園や浅草公園，芝公園，日比谷公園といった寺社を中心とした従来型の公

園に加えて，国の執行により隅田公園，浜町公園，錦糸公園の三大公園が開設された。これらの三大公園はいずれも用地買収によって造成されたものである。隅田公園は水辺の公園，浜町公園は商業地の公園，錦糸公園は工業地の公園としてそれぞれ設けられたものである。浜町公園は幅36メートル，延長117メートルにも及ぶ広幅員街路と隅田川によって囲まれている。これは防災を意識したものであり，延焼防止を期待したものと思われる。隅田公園はわが国初の臨川公園であり，川の両岸に位置している。海の見える公園や緑あふれる公園，コンクリートジャングルの中の緑のオアシスも，後藤の発想がなければ存在しなかったのかもしれない。 （鈴木丈晃）

山下公園

　1923年9月1日午前11時58分に起きた関東大震災の被害は，東京のみならず横浜でも深刻なものであった。289か所で火の手が上がり，類焼もあったため，市の大部分が炎に飲み込まれた。横浜市の宅地面積のおよそ80％が被害にあい，うち家屋焼失が58％，倒壊が22％であった。建物が倒壊した地帯のほとんどが横浜港の外国人居留地であった。建物の構造も欧米式の煉瓦造りであったため，鉄筋の建物以外が倒壊して死傷者が一番多い地帯となってしまった。当時，海岸通りの周辺には居留地をはじめ，神奈川県測候所や神奈川県港務部等，県の施設や日本郵船会社支店や三井倉庫などさまざまな建造物があったがどれもことごとく罹災した。埋立地だったということもあり地盤が弱く大地震の衝撃には耐えられなかったのであろう。

　内務大臣兼復興院総裁を務めていた後藤新平は，東京のみならず，横浜の復興にも力を注いだ。横浜市日報によれば，1923年9月9日に総理大臣の命を受けて海軍大臣とともに災害状況を視察し，横浜市の仮事務所を訪れた。そこで，救恤金を渡して見舞うととともに，幸福招来の転機となるように官民協力していこうと激励した。また，11日に横浜市長が上京した際に，同市の都市計画局長が亡くなったと聞いた後藤は，内務省から適当な人物を派遣するといって横浜市の復興に力を添えた。さらに，16日に横浜市会議員一行が上京した際には，総理大臣と打ち合わせ済みであるので内相兼総理大臣資格で応答するといって会見に臨んだ。そこで後藤は，「横浜港の破損は3割程度であるから，修築は国家の急務である」と述べている。後藤をはじめ，政府としても開国以来，国際港として日本の貿易の要となっていた横浜港の重要性に気づいていたのだろう。なるほど，帝都復興の詔勅のなかに「帝都の中に横浜市も含まれている」とあるのも頷ける。はやくも19日には内務省，陸海軍省の手により桟橋に船が付けられるまで修復を遂げたのであっ

た。修繕の見込みのない大きな瓦礫は陸軍の手によって爆破され，破片は残らず山下町の海中に捨てられることになった。さらに，焼け跡整理費120万円のうち70万円と10か月の期間を費やし，瓦礫を沈めた地帯を埋立地にしたのである。長さは約820m，幅は約90mにもおよび，約22000坪という広大な土地がうまれたのである。

　この埋立地は1930年に山下公園となり，横浜復興のシンボルとして，1935年には復興記念横浜大博覧会を開くまでにいたった。復興記念横浜大博覧会鳥瞰図をみると，臨海公園であることをいかして，いけすでクジラを泳がせていたことがわかる。ほかにも，名古屋城を模した名古屋館や潜水艦を模した海運館，さらには企業や世界各国のさまざまなパビリオンが出展していたことが確認できる。入場者は延べ人数で300万人を超えたという。わずか10年あまりで復興を遂げた横浜市の事例を，ぜひとも東日本大震災からの復興にもいかしてほしいものである。現在，山下公園は横浜有数のデートスポットとして人気を博している。デートの際に公園ができるまでのエピソードを話して，知的な一面を伺わせてみてはいかがだろうか。　　　　　（鈴木丈晃）

自治三訣

　あれほどの巨大な仕事群を成し遂げた後藤新平を衝き動かしてきた思想とは何かについて，ここで考えてみなければならない。後藤は，あの多忙の中にあってどうしてと思わされるほど数多くの著作を残している。その著作は，志高い藤原書店店主の藤原良夫氏の手によって鶴見祐輔編『正伝　後藤新平』の第一巻から第八巻，別巻一冊の中に収められている。
　後藤の融通無碍な働きを反映してのことであり，後藤の思想は首尾一貫したものでは必ずしもない。時に，矛盾もみられるが，大きくいって一つの体系性をもっていると感じられる。思い切って単純化すれば，その体系のエッセンスが，晩年，ボーイスカウトに集う青少年に説きつづけた「自治三訣」だといっていい。

　　　　　　人のおせわにならぬやう
　　　　　　人の御世話をするやう
　　　　　　そしてむくいをもとめぬやう

　この三訣に含まれる深々とした思想について，以下に述べてみよう。
　後藤の思想の根幹にあるのは，現代の政治学の用語法でいえば，いわば「国家有機体論」であり，「国家契約論」とは対照的なものである。国家有機体説とは，国家を一つの生物のような自然生命体と見立てて，その成員であるところの個人，つまり，国民はあたかもそれが一つ一つの細胞であるがごとき有機体の構成者だと考える思想のことである。個人あるいは市民との法的な契約によって国家が成り立つ，そのように考える国家契約論とはきわだって対照的な思想である。後藤は，1919（大正8）年に出版した『自治生活の新精神』（新時代社）の中で次のように語っている。

もし，国家と国民との関係を，有機体と細胞との関係に比べれば，国家生活の総体は，有機体の機能であり，各種生活体の働きは細胞の働きと同様である。すなわち，各種生活は，国家生活の一部機能であり，国家は生活体機能の働きによって，はじめて働きを全うするのである。したがって，国家の健全な発達をさせようとするならば，国家生活の一部の機能である，各種生活体を健全に発展させねばならない。各種生活体を健全に発展させようするならば，各種生活体に特有の，特殊な目的，特殊な利害，特殊な習慣，特殊な感情に順応した，生活態様，生活作用が行われなければならない。

　後藤は，第一訣「人のおせわにならぬやう」を「自主的自立」，第二訣「人の御世話をするやう」を「社会奉仕」の精神，「そしてむくいをもとめぬやう」を「国家奉仕」の精神だといっている。この三訣は1925年の著作『自治三訣 処世の心得』（安國協會出版部）中に収められている。

　後藤は，「人の御世話をするよう」を次のようにパラフレーズしている。

　　身体が無数の細胞からでき上がっているように，社会といい国家といわれる大きな団体も，人間という無数の個人から組織されている。細胞が不健全であれば，その社会国家も勢い不健全な集団であることを免れない。自然，社会国家が健全であるよう希うならば，個人々々が自治精神の堅実な活力に満ちた者でなければならない。この意味から個人として自己を完成して自主独立の人にあらしめねばならぬように，社会国家から見ても，この細胞である個人がどこまでも健全であることが必要である。

　少し話が脇道にそれるが，福澤諭吉に『中津留別之書』（明治3年）という本がある。福澤は故郷の中津で家督を継いだのだが，貧しさに耐えかねて家財を売却，母と姉を故郷に残し，慚愧の思いで中津藩を後にして大阪の緒方洪庵の適塾で学び，その後，東京に出て，どうにか幕臣となった男である。母と姉を東京に呼びもどすために中津に帰ってきた時に，故郷の人々に書き残した書が『中津留別之書』である。その中に次のような有名な一文があ

る。

> 一身独立して一家独立し
> 一家独立して一国独立し
> 一国独立して天下も独立すべし

　後藤新平が第一訣にこめた精神は，おそらく福澤のそれと同類のものであったのであろう。それが往時の日本の「時代精神」であったということができるのかもしれない。
　第二訣「ひとの御世話をするやう」についてだが，後藤は次のようにいっている。

> 　人のお世話をするのは，余力が人に及ぶもので，世のため人のための奉仕である。換言すると個人として磨かれた美しい人格は，社会的生活を営むことによって，はじめてその真価を発揮することができるのである。自主的自治の個人生活から出る作用であって社会的に自主生活を営むのが文明人の持前である。

　この点は後藤の思想を考える上で特に重要性をもっている。後藤は，先に引用した著作『自治生活の新精神』の冒頭で，次のようにさえいっている。

> 　人間には自治の本能がある。……人間は自己の生活を拡充させる権利を持っている。どのようにして自己の生活を拡充させ向上させるのか。自己は決して自己単独で生存できない。自己の生活はただ隣人とともに団結してはじめて拡充させ向上することが可能である。

　つまり後藤は，人間が自主的自治の個人生活から，社会奉仕という公人生活（つまり奉公）に進むのは，人間自治の本能から出る「作用」だといっているのであり，この部分が私は重要だと考える。私はつねに学生諸君に向かっ

て，特に入学式や卒業式の学長告辞の中で，利己的に生きるばかりではなく利他的に生きることの意義にめざめよ，公の意識にめざめよ，と説いている。しかし，後藤は社会的奉仕が人間の本能である「自治」精神からおのずと導かれるといっているのだから，私などよりは人間に対する信頼感がよほど強い人物であったと想像されるのである。

　第三訣が「そしてむくいをもとめぬやう」で，これが後藤の窮極の訣である。「訣」とは「決」ではない。訣には極めるという意味がある。だとすると，三訣とは，つまり人間がその人生において極めるべき三つの生き方のことではないかと考えられる。第三訣を後藤は次のように記している。

　　　個人としては自主的自治の人，社会に立てば奉仕の精神で働く人，そしてわが社会国民のために力を尽くすのが肝腎であり，これが"むくいをもとめぬ"という第三訣である。……自治の精神がなぜ尊いかといえば，要は国家の活力の源泉となるからである。国民各個人が自治の精神を体して働くことは，ちょうど有機体とこれを形成する独立細胞との関係のようになり，国家が活躍するということは，つまり国民各個人が公共の精神を養い，一身の計が立ったならば，進んで社会のため国家のために働き，各自一致協力して国民相互の福利を増すことを図り，国家の機能を活発にすることである。したがって，自治生活は国家の活力の源泉となるのである。

　実はこの後藤の思想が台湾統治の「生物学的植民地論」，さらには満鉄経営における「文装的武備論」として現実の政策となっていくのである。というより，現実の政策追究の過程で得られた教訓を，青少年にもよく理解できるようなやさしい表現に「昇化」させたものがこの三訣だといった方がいいのであろう。

　2011年3月11日に発生した東日本大震災からほどなくして，学生諸君の多くが救援ボランティア活動に励んでいた。その学生諸君の行動が，自治と社会奉仕が人間の本能からおのずと湧き出るものだと考えた後藤の思想を現代に体現しているように思われてならない。

（渡辺利夫）

参考文献

郷仙太郎『小説後藤新平』（学陽書房，1999）
鶴見祐輔『〈決定版〉正伝・後藤新平　1巻』（藤原書店，2004）
鶴見祐輔『〈決定版〉正伝・後藤新平　3巻』（藤原書店，2004）
鶴見祐輔『〈決定版〉正伝・後藤新平　5巻』（藤原書店，2005）
鶴見祐輔『〈決定版〉正伝・後藤新平　6巻』（藤原書店，2005）
鶴見祐輔『〈決定版〉正伝・後藤新平　7巻』（藤原書店，2006）
鶴見祐輔『〈決定版〉正伝・後藤新平　8巻』（藤原書店，2006）
御厨貴編『時代の先覚者　後藤新平　1857-1929』（藤原書店，2004）
御厨貴『後藤新平大全』（藤原書店，2007）
高野静子『往復書簡　後藤新平-得富蘇峰 1985-1929』（藤原書店，2005）
星亮一『後藤新平伝　未来を見つめて生きた明治人』（平凡社，2005）
藤原書店編集部編『後藤新平の仕事』（藤原書店，2007）
駄馬祐司『後藤新平をめぐる権力構造の研究』（南窓社，2007）
八田晃夫・磯貝正雄編著『後藤新平　夢を追い求めた科学的政治家の生涯』（文芸社，2008）
後藤新平著・後藤新平歿八十周年記念事業実行委員会編著『都市デザイン　シリーズ後藤新平とは何か自治・公共・共生・平和』（藤原書店，2010）
北岡伸一『後藤新平-外交とヴィジョン-』（中公新書，1988）
小林英夫『満鉄調査部』（平凡社新書，2005）
加藤聖文『満鉄全史』（講談社，2006）
天野博之『満鉄を知るための十二章-歴史と組織・活動-』（吉川博文館，2009）
西澤泰彦『満洲-「満洲」の巨人-』（河出書房新社，2000）
坂本新太郎監修・「日本の都市公園」出版委員会編著『日本の都市計画-その整備の歴史-』（インタラクション刊行書籍，2005）
進士五十八『日比谷公園』（鹿島出版会，2011）
小野良平『公園の誕生』（平文社，2003）
國久よしお『岩手県三賢人の功績-嘉矩・稲造・新平と台湾近代化-』（角川学芸出版，2009）
三好好三『よみがえる東京-都電が走った昭和の街角-』（学研パブリッシング，2010）
原田勝正『日本鉄道史-技術と人間-』（刀水書房，2011）

今尾恵介『線路を楽しむ鉄道学』（講談社現代新書，2009）
渡辺利夫編集代表『拓殖大学百年史　大正編』（学校法人拓殖大学，平成22年）
櫻井寛編著『世界鉄道の旅』（小学館，2008）
山岡淳一郎『後藤新平　日本の羅針盤となった男』（草思社，2007）
小林英夫『日本近現代史を読み直す』（新人物往来社，2010）
原武史『鉄道ひとつばなし』（講談社現代新書，2003）
佐藤篁之『「満鉄」という鉄道会社』（交通新聞社新書，2011）
菊池寛『満鉄外史』（原書房，2011）
小林英夫『満鉄　「知の集団」の誕生と死』（吉川弘文館，1996）
西澤泰彦『図説　満鉄　「満州」の巨人』（河出書房新社，2000）
高成鳳『植民地の鉄道』（日本経済評論社，2006）
天野郁夫『大学の誕生（上）』（中公新書，2009）
早稲田大学比較法研究所編『比較法研究の新段階』（早稲田大学比較法研究所，2003）
飯田雅男『橋から見た隅田川の歴史』（文芸社，2002）
白井裕『隅田川　橋の紳士録』（東京堂出版，1993）
NPO市民フォーラム著『隅田川を遡る－橋梁物語－』（揺籃社，2010）
石田頼房編『未完の都市計画－実現しなかった計画の計画史－』（筑摩書房，1992）
渡辺俊一『「都市計画」の誕生－国際比較からみた日本近代都市計画－』（柏書房，1993）
エーリッヒ・シュトラスナー『ドイツ新聞学事始－新聞ジャーナリズムの歴史と課題－』（三元社，2002）
阿部謹也『物語ドイツの歴史－ドイツ的とは何か－』（中公新書，1998）
佐野眞一『巨怪伝－正力松太郎と影武者たちの一世紀－』（文藝春秋，1994）
電子情報通信学会東海支部技術叢書出版実行委員会編『技術叢書Ⅰ　電子情報通信のテクニカルレビュー』（風媒社，2003）
日高一郎『日本の放送のあゆみ』（人間の科学社，1991）
横浜市役所市史編纂係編『横浜市震災誌　第1冊』（横浜市役所，1926）
原島広至『横浜今昔散歩』（中経出版，2009）
山口修『前島密』（吉川弘文間，1990）
星野興爾『世界のポストバンク』（郵研社，2005）
戸原つね子『公的金融の改革－郵貯問題の変遷と展望－』（農林統計協会，2001）
宍倉正弘『警察官になるには』（ぺりかん社，2009）
田中治彦『ボーイスカウト－二〇青少年運動の原型－』（中公新書，1995）
小林幸男『日ソ政治外交史』（有斐閣1985）
西口光，早瀬壮一，河邑重光編著『日ソ領土問題の真実』（新日本出版社，1981）

編著者紹介（※＝編者）

※渡辺利夫（わたなべ　としお）
- 1939年　山梨県甲府市生まれ
- 1963年　慶応義塾大学経済学部卒業
- 1970年　慶応義塾大学大学院経済学研究科博士後期課程単位取得退学
- 現　在　拓殖大学学事顧問，拓殖大学元総長，経済学博士
- 専　攻　開発経済学

※奥田進一（おくだ　しんいち）
- 1969年　神奈川県川崎市生まれ
- 1993年　早稲田大学法学部卒業
- 1995年　早稲田大学大学院法学研究科修士課程修了（法学修士）
- 現　在　拓殖大学政経学部教授
- 専　攻　環境法

村尾幸太（むらお　こうた）
- 1989年　東京都足立区生まれ
- 2016年　明治大学大学院法学研究科博士前期課程修了
- 現　在　株式会社ディー・クリエイト

鈴木丈晃（すずき　たけあき）
- 1990年　福島県いわき市生まれ
- 2013年　拓殖大学政経学部卒業
- 現　在　あすか社会保険労務士法人勤務

吉田裕香（よしだ　ゆか）
- 1990年　静岡県御殿場市生まれ
- 2013年　拓殖大学政経学部卒業
- 現　在　日興キャスティ株式会社勤務

（イラスト・さし絵）

久米一世（くめ　ひでよ）
- 2016年　早稲田大学大学院法学研究科博士後期課程修了
- 現　在　中部大学専任講師　早稲田大学博士（法学）
- 表紙肖像写真：国立国会図書館ホームページから転載（許諾済）

パースペクティヴズ 6
後藤新平の発想力〔補訂版〕

2011年12月25日	初　版	第1刷発行
2015年 3月 1日	補訂版	第1刷発行
2020年 7月20日	補訂版	第2刷発行

編著者　　渡　辺　利　夫
　　　　　奥　田　進　一

発行者　　阿　部　成　一

〒162-0041　東京都新宿区早稲田鶴巻町514
発行所　　株式会社　成文堂
電話 03 (3203) 9201 (代)　Fax 03 (3203) 9206
http://www.seibundoh.co.jp

印刷・製本　藤原印刷
☆乱丁・落丁はおとりかえいたします☆

Ⓒ 2015 渡辺利夫・奥田進一　　printed in Japan
ISBN978-4-7923-9247-5　C3023
定価（本体1000円＋税）　　　検印省略

パースペクティヴズ

1	多文化教育	朝倉征夫著	本体　800円
2	水と心のネットワーク	山田健治ほか編	本体　971円
3	国際石油開発と環境問題	山田健治著	本体1000円
4	司法試験	川端　博著	品　切
5	監視カメラとプライバシー	西原博史編	本体　600円
6	後藤新平の発想力〔補訂版〕	渡辺利夫・奥田進一編著	本体1000円